JN409035

마음으로 보는 여행

삶의 지혜
〈250 어구 속에 담긴 천자의 의미〉
마음으로 보는 여행

1쇄 찍음 / 2007년 11월 25일
1쇄 펴냄 / 2007년 11월 30일

지은이 / 김홍선
펴낸이 / 김태봉
편 집 / 황은진, 김주영, 김미란, 조시형, 김경임
영 업 / 박상필, 이준혁, 김명준
등 록 / 제5-213호
펴낸곳 / 한솜미디어
주소 / (우143-200) 서울시 광진구 구의동 243-22
전화 / (02)454-0492, 팩시밀리 (02)454-0493
HomePage http://hansom.co.kr
E-mail hansom@hansom.co.kr

값 9,000원

ISBN 978-89-5959-130-5 03810

*잘못 만들어진 책은 구입하신 서점에서 친절하게 바꿔드립니다.

삶의 지혜

〈250 어구 속에 담긴 천자문의 의미〉

마음으로 보는 여행

김홍선 지음

한솜미디어

■ 하고픈 말을 글로 남기다

보고 듣고 느낀 대로 말하고 싶어도 들어줄 상대가 없어 이것을 글로 옮기다 보니 어느새 한 권의 책이 만들어졌다.

하고 싶은 말을 깊이 생각하지 않고 나만 옳다고 주장한다면 상대를 곤혹스럽게 할 수 있어 글로 알리려 하니, 더욱 어려운 것이 글쓰기인 것 같다.

이제는 나이가 들어서 할 일도 없이 집에서 칩거(蟄居)할 수밖에 없는 나는 칩거를 자연스러운 은둔생활(隱遁生活)인의 소일거리로 알고 살지만 세상에는 칩거의 방법을 자기 편한 대로 사용하는 사람도 많은 듯하다.

뜻에 맞지 않으면 칩거도 하고 잠적(潛跡)도 해보지만, 동토(凍土)의 언 땅이 풀리면 땅속에서 동면하던 동물들이 깨어나는 경칩(驚蟄)에 겨울잠을 자던 벌레들이 다시 활개를 펴는 것처럼 주춤했던 말과 행동들의 다툼이 다시 시작될 것이다.

그러나 그들의 말과 글과 그 흔적들은 아주 오랫동안 발자취를 남기게 될 것이다.

반세기도 넘게 동면상태를 유지해왔던 남과 북 사이에 해동의 기류가 감도는 정상들의 만남을 지켜볼 수 있었다.

우리는 하나이고 영토도 하나인데….

DMZ, NLL은 우리의 비극이다.

한계선인지 분계선인지, 이 경계선은 합의에서든 독자적이든 쌍방 간에 이미 그어진 선이며, 체제가 다른 사상들이 지배하고 있었다.

그러나 영토의 개념이 아니라도 우리 온 국민이 그곳을 지키고 있으니 둘이 하나가 될 때까지는 우리가 지켜야 할 명백한 선임에 틀림이 없다.

꼭 해야 할 말도 참으며 살았다. 맞는 말도 듣기에 따라 해석이 다르고 망언이나 실언이 될 수 있으니 비난과 트집이 생기게 마련이다.

그래도 할 말은 해야 하지만 상대가 이해하면 명언이고, 반문하여 비난하면 실언이고 망언이 될 수도 있으니 우리가 다 같이 공감할 수 있는 그런 명언이 아쉽기만 한 때이다.

헌법에 명시된 대한민국 영토의 정의는 '한반도와 그 부속 도서로 한다'는 영토개념을 제대로 사용할 수 있는 그 날까지 조용히 기다리며 살자.

– 선일개발의 나라 자연인 김홍선의 말과 글

■머 리 말

한 줄의 글을 쓰니 그것이 모여 한 장의 문장이 된다. 한 장 한 장 모여 한 권의 책이 된다. 이런 과정이 이어지는 것을 저작(著作)이라고 하며, 그러한 책이나 작품을 말하기도 한다.

그렇게 힘들게 모아놓은 책을 제목만 읽고 마는 글이 있는가 하면, 중간 혹은 끝도 읽지 않고 덮어두는 보잘것없는 책이 된다면 책이라기보다 독자를 우롱하는 일이 될 것이다.

하지만 그래도 한 번쯤은 읽어 주지 않겠는가 하는 욕심이 생겨 이번에는 한 번 읽고 버리기 아쉬운 여운을 남기는 그런 내용을 담으려고 고심도 많이 했다. 하지만 머리에 떠오르는 좋은 생각들도 필만 들면 숨어 들어가 버리니 작가기질을 타고나지 않은 것이 확실한 것 같다.

한 번 읽고 버리기 아쉬워 다시 읽고, 그 진의를 다시 한 번 깨닫기 위해 또 읽고 싶은 책, 그리고 한 번 읽고는 개운하지 않아서 다시 읽어서 여운이 오래갈 수 있는 글을 쓰고 싶은 욕심이 든다. 그러니 그렇기 때문에 오히려 흥미를 잃을 것 같아 심히 조심스럽지만 한 구절의 글을 읽다보니 뒷장이 궁금하여 책장을 넘길 수 있는 글이 되기를 바라는 마음으로 용단을 내었다.

'마음으로 보는 여행'이라고 써놓고 보니 시작부터 갈피를 못 잡고 머릿속에 뒤엉킨 사건들이 주마등(走馬燈)같이 스치고 지나가니 '마음으로 본다'는 그 '마음'이 정리되지 않는다.

뒤엉킨 실타래같이 얽히고설키어 풀기가 어려워 마구 머리를 흔들어대니 갈피를 잡을 길이 없다.

'주사마적(蛛絲馬跡)'이라는 말이 있다. 거미줄이나 말발굽의 흔적이다. 거미줄을 따라가면 그곳에는 거미가 있게 마련이고, 말 발자국을 쫓아가면 결국 그곳에는 말이 머물러 있을 것이다. 이렇듯 우리의 삶도 흔적을 남기고 지나가게 되어 있다.

행적(行蹟)이나 흔적(痕迹)이라는 것은 아주 선명하게 오래 갈 수도 있고, 곧바로 없어질 수도 있다.

내가 지금 하고 있는 말은 가까이서 듣는 사람들은 들리니 잠시나마 들을 뿐이지만 곧 사라질 것이다.

그러나 이렇게 글로써 한 권의 책으로 만들어 놓으면 누군가가 읽고 덮어둔다고 해도, 책이 남아 있는 한 다시 읽을 사람이 생기게 마련일 것이다.

하지만 읽다가 흥미가 없어 덮어둔다면 70여 년을 눈으로 보고 지금은 마음으로 보고 있는 것들이 허상인 허수아비에 지나지 않을 것 같다.

비홍답설니(飛鴻踏雪泥), 즉 눈 녹은 질척한 진흙땅 위에 큰 기러기가 지나간 발자국이 될까 심히 걱정된다.

김홍선

차 례

□ 마음으로 보는 여행

마음이 바르면 사물이 바르게 보인다. 넋두리하고 방황도 해 보았지만 마음이 바르지 않으면 세상을 아무리 바로 보려 해도 비스듬히 보이고, 술 취한 사람들의 갈지자 걸음걸이처럼 보인다는 것도 알았다.

그래서 버렸다. 집착이라는 과욕을 버리고 텅 빈 마음으로 세상사는 이야기를 마음속에서 보이는 대로 이야기했다. 그리고 세상을 바르게 보려면 오직 마음의 눈으로 봐야한다는 것을 깨달았다. 비뚤어진 마음의 눈으로 사물을 보면 그것은 허상일 뿐이다.

1권 《신호등》, 2권 《집착을 버리면 세상이 보인다》, 3권 《삶으로의 초대》 등 총 3권의 책을 집필하면서 이제껏 세상사는 이야기를 하고 나니, 이제는 세상사는 모든 이야기들도 마음으로 볼 수 있음을 알았다.

이제는 직접 보지 않아도 세상 돌아가는 것을 짐작으로도 알 수 있다고 한다면 무슨 천리안이라도 가졌느냐고 비웃을 수 있겠지만 이런 것들은 살아온 경륜(徑輪)이라는 것으로 알 수 있다.

소설 같은 인생이라 한다. 소설(小說)은 작가가 주관적으로나 객관적으로 사실 또는 상상력에 바탕을 두고 허구적으로 이야기를 꾸며낸 것으로써 동감하기도 하고 실망하기도 하는데 이것은 추상적인 것이며 사실과는 다를 수도 있는 꾸민 인생사이다.

사실과는 다른, 사실 같은 소설을 쓰듯 흔히들 장황한 변명이나 자기주관을 늘어놓는 사람을 보고 하는 말이 "소설 쓰지 말아라"한다.

모두에게 공감이 갈 수 있는 소설 같지 않은 사실, 그런 것이 과연 존재할 수 있을까. 사실을 말해도 의심부터 하고 보는 세상이니 글로 진(眞)을 표현한다면 '그 글의 가치는 얼마나 될까' 하는 것보다 '이런 글도 있구나' 하고 읽어주길 기대한다.

'누군가는 읽고 공감할 수 있는 사람이 있을 수도 있지 않을까?'라는 막연한 생각으로 글을 쓴다면 나 또한 한심(閒心)한 삶을 사는 인간임에 틀림이 없으리라. 사람이 평생을 살아가면서 어찌 하고픈 말을 다하고 살 수 있겠는가.

할 말을 다 못하고 죽은 원혼을 원귀(寃鬼)라 한다. 할 짓을 다하고 할 말 다하고 죽은 귀신이 이 세상에 얼마나 있을까.

죽어가면서도 '저들의 죄를 용서하소서' 하며 죽음 앞에서도 미소를 지을 수 있는 그런 사람은 아마도 인간이 아닌 신(神)일 것이다.

신과 인간의 사이, 나는 신을 부정하지만 없다고 단정 짓지도 않는다. 내가 없다고 한들 신을 믿는 사람들은 신이 확실히 존재한다고 믿기 때문에 부정도 긍정(肯定)도 못하는 줏대 없는 삶을 살아왔을 뿐이다.

지금 그것을 논할 필요도 없지만 자꾸 쇠약해지고 허전하니 의지하고픈 것이 믿음의 신(神), 그것이 아쉬울 뿐이다.

천상천하 유아독존, 나 자신만을 의지하고 살아왔지만 나 혼자의 힘으로는 이룰 수 없는 일들이 너무 많음을 알았고, 이루었다 해도 반드시 그것이 행복한 것만은 아니라는 것도 알았다.

더불어 같이 사는 세상이 지상의 낙원이며 그 낙원을 이루려면 나부터 솔선수범해야 한다는 것을 알았다.

이 세상에 나를 빼면 아무것도 존재할 수 없다. '내가 없는 세상, 그것이 무슨 소용이겠는가'라고 한다면 이기주의 독선주의자라고 비난할 수도 있다. 하지만 내가 있기에 너도 있고 너로 인해 내가 즐겁기도 하고 고달프기도 하다는 것도 나로 인해 이루어지는 사건들이다. "너 때문이 아니라, 나 때문이다"라고 하면 세상사 간단한 것을 알았다.

잘난 척하는데 더 잘난 사람이 나타나 판을 치는 세상에서 조금 안다고 앞서려고 하다가는 '선무당이 생사람 잡는다'는 우리 속담처럼 정말 애매한 사람을 곤욕스럽게 할 수도 있다.

그뿐인가. 돌파리 의사나 약사가 사람들의 건강을 해칠 수도 있는 것처럼, 잘못된 배움이나 글은 여러 사람을 '지적(知的) 반신불수(半身不隨)'로 만들 수 있다는 것도 알았다.

확실하지 않고 검증되지도 않은 말이나 지식은 함부로 남용해서는 안 된다고 하면서도 그것을 분별하지 못하고 '내가 옳다'고 장담하여 말한다. 또한 상대가 '그렇지 않다. 내가 옳다'라고 고집한다면 진의(眞義)를 떠나서 서로 오해가 생기게 마련이다.

앎이나 지식의 깊이, 그것은 무궁무진한 것이다. 앎의 정답은 서로 공감할 때만이 가능한 것이지 상대가 아니다 하면 논쟁은 끝이 없고 다시 원점에서 맴돌게 된다.

그러나 과거의 정당한 도리나 학설이 오늘의 사회에서 다 정답일 수만도 없다. 그러니 수정하고 보완하여 현실에 맞게 고치려 하니 신구(新舊)가 충돌하기 마련이다.

이렇게 출발을 길게 나열해 가고 있으니 우리 속담에 '서두(序頭)가 길면 본론은 보잘 것도 없다'는 말 뜻대로 마음으로 보는 여행이 하늘인지 땅인지 알 수 없는 길 잃은 망아지처럼 헤맬 것 같은 생각이 들지만 출발했으니 그 길을 가야 한다.

우리는 태어나면서부터 많은 길을 헤매어 왔으며 지금도 헤매고 있다. 지나온 길, 그리고 앞길도 오리무중이니 서문도 본문도 없이 이렇게 가는 대로 가는 것이 마음으로 살아가는 인생여정이 아닌가 생각한다.

하늘과 땅의 조화 속에서 나의 존재는 과연 무엇인가?

철들기 이전에 입으로 외우던 "천지현황 3년을 독(讀)하니 언재호야라(焉哉乎也)"라고 한 그의 뜻도 모르고 60년도 더 살면서 '어찌, 처음인가, 또' 하고 아쉬워한들 무엇하겠는가.

하지만 가버린 지난날이 아쉬워 지금이라도 그 천자(千字)의 의미를 더듬어 글을 쓰려고 한다. 많이 사용하지도 않고 별 필요도 느끼지 않는 '백수문(白首文)'이지만 내가 살아온 인생여로에 도움을 준 기본 한자가 되었기에 마음으로 보는 여행길의 길잡이로 활용하고자 <하늘 땅 그리고 나>라는 소제목을 붙여 마음으로 돌아보며 생각하는 여행을 떠나려 한다.

□ 하늘 땅 그리고 나

마음의 눈으로 세상을 보자. 눈으로 보면 겉모습만 보일 뿐 보고도 알 수 없으니 추측할 수밖에 없다. '보기 좋은 떡이 먹기도 좋다'라는 말처럼 사람도 우선은 겉치장만 보고 사람을 평하려고 한다. 그러나 사귀어 봐야 그의 참모습을 알 수 있다.

마음을 열면 눈을 감아도 창밖이 보인다. 직접 보지 않아도 사물이나 경관이 보인다. 아름다운 꽃 속에서 풍겨나는 향기에도, 꽃가루 속에도 독소가 숨겨져 있어서 알레르기를 일으키는 것도 알았다. 이제는 눈으로 보고 듣고 느낀 것만으로 사물을 평하지 않고 마음으로 깊이 보면 그 속속들이 알 수 있을 것 같다.

베토벤, 그가 작곡한 월광곡, 영웅, 운명, 황제 등으로 이름 붙여지는 교향곡(交響曲)을 떠올린다. 그는 완전 귀머거리가 된 사람이다. 그는 교향곡 6번부터는 듣지도 못하는 상태에서 작곡을 했다. 음률을 듣지 못해도 마음에서 우러나오는 자작의 곡을 만들었다. 이런 곡이라면 누구나 흡족히 여길 자신감을 가진 것은 진실한 마음으로 만들었기에 가능할 수 있을 것 같다.

운명 교향곡의 뜻대로 운명의 베토벤은 음악의 마술사이다. 들을 수도 없는 최악의 상태에서 마음으로 들으며 곡을 만들었으니 악성(樂聖) 즉, 음악의 성인(聖人)이라 칭한다.

실낙원(失樂園)을 '낙원을 잃어버렸다'로 해석하는 것이 내 실력이다. 영국의 시인 존 밀턴의 장편 서사시(敍事詩)로 창세기를 소재로 아담과 이브의 타락(墮落)과 낙원 추방을 묘사했다. 낙원의 축복, 천지창조, 천사 라파엘을 묘사하고, 타락 후 사탄과 아담과 이브에게 찾아온 저주와 고통, 인류 역사와 구원에 대한 희망으로 이루어져 있는 실낙원이나 복낙원의 작품들은 기독교적 시각에서 인간의 원죄(原罪)를 이야기로 다루고 있다.

내가 지금 베토벤의 교향곡이나 존 밀턴의 실낙원을 소개하는 것은 음악이나 소설 그리고 서사시를 이야기하려는 것이 아니다. 시력(視力)을 잃은 존 밀턴은 54세에 눈의 시력을 완전히 잃고 인생의 고뇌(苦惱)와 고통과 패배(敗北), 가정의 불행, 정치적 불행, 앞을 보지 못하는 육체적인 실패, 실명으로 이어진 삶 등을 통해서 최대 걸작품(傑作品)이며 웅장(雄壯)한 서사시를 탄생시킨 것은 마음으로 보고 느낀 것이기에 이런 실패와 고난을 신앙으로 극복하여 그의 인생을 승리로 역전시킨 것이다.

지금 내가 마음으로 보는 여행이라 함은 과거를 돌아보고 현실을 바라보며 앞으로 내가 보아야 할 모든 풍경을 마음속에 그릴 수 있으니 가보지 않아도 보이는 것 같다.

이제 천지자연의 이치와 인간사에서 이루어진 사건들을 폭넓게 표현한 천자문을 아는 대로 삽입해가며 마음으로 보는 여행을 떠나보려고 한다.

□ 천자문 속으로 여행

요즘 TV드라마를 많이들 보고 있다. 사람은 그 생김새가 다르듯이 취미도 가지각색이다. 나도 예외는 아닌 것 같다. 늦은 밤 혼자서 중국드라마를 즐긴다.

서부영화의 과격한 총질이나 액션과 광란(狂亂)의 난장판 같은 내용이나, 중국풍이 넘치는 검술이나 전설 같은 요술의 신화들이나, 살풍경하고 소름이 끼치는 화면과 자막을 따로따로 따라가며 보려면 정신이 산만하다.

그런 자막도 중국의 드라마는 읽기 편하고 교양 있는 글귀가 많이 나오지만 서구의 드라마는 읽기도 불편하고 거친 행동이나 혐오스런 대화의 연속이며, 일본의 사무라이들의 난투극은 너무 처참하고 잔인한 표현들이 강조되어 있는 것 같다.

이런 살벌한 거짓을 경쟁이라도 하듯이 점점 심해져 간다. 그러나 중국드라마는 우리의 정서와 그리 멀지 않은 고명 문구의 고사성어도 접할 수 있으니 즐겨 보게 된다.

요즘 인기 있는 안방의 드라마 주몽과 연개소문(淵蓋蘇文) 그리고 대조영, 이들 역사극은 고구려를 전후하여 일어나는 역사적인 내용들로 우리의 역사와 중국의 역사를 되돌아보게 하는 내용임에는 틀림이 없다.

여기에 나오는 주인공들이나 등장인물들은 같은 시기의 내용이지만 그들의 가계나 고구려에서의 사회적 지위의 기록은 일치하지 않는다. 다만 당서(唐書) 발해 전기에는 고구려인의 별종인 대조영(大祚榮)의 왕호는 고왕(高王)이며 대중상(大仲象) 혹은 걸걸중상(乞乞仲象)의 아들이라 했다.

당은 고구려를 함락하고 잔여 세력을 강제로 분산시키는 사민정책(徙民政策)으로 요하(遼河) 서쪽 영주(營州)지방에 3만호를 강제로 이주시켰고 그 가운데 대조영이 끼어있었다.

그런데 당의 혼란과 이진충의 반란의 기회로 추장 걸사비우와 함께 그 지역에 억류된 고구려 유민과 말갈족을 이끌고 동으로 이동했다. 이에 당황한 측천무후는 유화정책을 써서 그를 복귀시키려 했지만 거부하니 거란 장수 이해고의 추격을 받아 걸사비우는 전사하고 대조영은 고전을 거듭하다가 해로를 통해 요동반도에 상륙, 발해군왕으로 봉해져 나라를 세우고 그가 죽으니 아들 무왕이 왕위를 계승했다. 이것의 역사의 요약이다.

그런데 이런 역사극에 등장하는 대 막리지(莫離支) 연개소문의 아들 남생, 남건이나 양만춘 등은 모든 사문들에서도 정확한 기록을 찾을 수 없으니 사극의 묘미를 살리려는 작가의 묘사로 보면 될 것 같다.

지금 나도 어릴 때 읽었던 천자문 덕분에 삼국유사 해석본을 읽어보며 그때의 역사를 이해하려고 하고 있다.

삼국유사(三國遺事), 이는 삼국사기와 함께 고대사적의 쌍벽을 이루며 우리 역사를 알 수 있는 중요한 역사책이다. 삼국사기는 왕명에 의하여 김부식이 저술한 정사(正史)로 체재(體裁)가 정연하고, 삼국유사는 일연 선사(禪師) 개인이 쓴 야사(野史)이지만 삼국사기에 없는 많은 내용들이 있어, 고구려·백제·신라 삼국의 역사를 기록한·역사서이지만 고조선(古朝鮮)과 기자조선(箕子朝鮮) 및 위만조선(衛滿朝鮮), 가락(駕洛) 등 고조선에 관한 서술은 삼국시대 이전의 역사를 알 수 있는 귀중한 자료이다. 이는 중국의 삼국지, 동이전과 비교 분석할 수 있는 우리의 자존심을 갖는 책자라고 본다.

나는 많은 고사성어를 아는 대로 끌어들여 사용하였다. 그러나 그 고사성어가 중국 것이 전부인 것 같다. 우리만의 고사성어, 순수 우리말로 된 고사성어가 있을까.

'도롱뇽의 소송'이라는 말을 다시 해보자. 지금 우리는 그 말의 뜻이나 생긴 배경을 다들 기억하고 있을 것이다. 그러나 다음 몇 십 년 혹은 몇 백 년이 지나면 다 잊어버리고 말 것이다.

먼 미래에 누군가 이 글을 읽고 이것이 무슨 소리인가 의아해하리라. 하지만 그 뜻을 어렵게 찾아서 알게 된다면 그 사람은 신종 고사성어를 만들어 사용한 사람이 될지도 모른다.

"고속전철 공사로 터널을 뚫다가 환경파괴로 병들어 가는 도롱뇽의 소송, 그 배경에는 지율스님이라는 분이 있는데 죽어 가는 도롱뇽을 보고 그것을 막으려고 단식투쟁을 하다 쓰러졌는데, 그 스님 덕분으로 자연환경 파괴를 어느 정도 막을 수 있었고 오늘의 쾌적한 환경을 유지할 수 있었다"라고 옛날이야기 할 때가 있을까.

이런 공상인지 망상에 사로잡혀 보는 것도 마음으로 바라다 보는 여행의 묘미이다.

이제 천지현황(天地玄黃)의 세계로 들어가 옛날과 오늘, 그리고 미래를 내다보자.

001	天 地 玄 黃				002	宇 宙 洪 荒			
	하늘 천	땅 지	거물 현	누루 황		집 우	집 주	넓고클 홍	거칠 황
	천 지 현 황					우 주 홍 황			

하늘은 거무스름하며 땅은 누렇다. 그리고 우주는 크고 넓고 거칠다. 검은빛 하늘은 멀고 끝이 없이 그윽하다.

땅은 넓고 오묘하고 기복이 존재하는, 가도 가도 끝이 없는 산 넘고 강을 건너 들판을 지나면 다시 반복되는 새로운 산과 들이 전개되리라. 하늘은 파랗다. 그런 하늘도 밤이 되면 검다. 검은 것은 무궁과 미지의 세계이다.

하늘이라 하면 절대적인 권력층을 뜻하기도 한다. 하나뿐인 사람, 절대적인 군주 혹은 직장상사나 가장을 존칭하는 말로도 쓰인다. 검고 누런(Black & Yellow), 그것은 오묘하고 조화롭고 깊고 넓다. 그런 하늘과 땅 사이에서 모든 생명체들이 살아가고 또 죽고, 다시 태어나기를 반복하는 것이 순리이지만, 유독 인간만이 오만방자하게 자연의 섭리를 거역하고 자기혼자만이 모든 만물의 주인인 양 착각한다. 하지만 그 인간도 하늘의 뜻이라는 자연의 현상 앞에서는 그 기고만장한 방자함도 오래가지 못하며 인간의 무례함을 뜻대로 함을 용서치 않으니, 하늘의 뜻을 무서워할 줄 알아야 한다는 것도 알게 되었다.

하늘의 뜻에 따라 운행하며 말없이 만물을 키워준 땅도 소중함을 알았다. 황토(黃土)의 소중한 땅 그리고 우주(宇宙) 땅 위의 전부를 가리키는 말로 너무 커서 끝이 없다는 뜻이다.

세상의 넓음, 우주의 집이다. 그 우주 아래 천하 무한의 홍황(洪荒)은 넓고 거칠다. 그 혼돈(混沌) 속 만물생성의 근거가 결정되지 않고 뒤섞여지지 않은 어둠의 시간과 공간을 초월한 거침없는 무한의 공간 속을 헤매는 이 여행이, 천자문 서두(書頭)의 천지우주, 그리고 거칠고 드넓은 대지 속에서 인간사 힘겨운 여행자일 수밖에 없음을 말해주는 것 같다.

003	日 月 盈 昃				004	辰 宿 列 張			
	해 일	달 월	찰 영	기울 측		별 진	별자리 숙	벌릴 열	베풀 장
	일 월 영 측					진 숙 렬 장			

해와 달은 차고 기울며 별과 별자리는 고르게 펼쳐져 있다. 해는 중천에 오르는 정오(正午)를 기점으로 기울기 시작하고 달은 점점 커지면 만월(滿月)을 절정으로 기울기 시작하여 점점 작아져 없어졌다가 서서히 나타난다. 이런 현상을 '차면 기운다' 혹은 '차는가 했더니 이지러진다'라고 표현한다.

별 진(辰)은 하늘의 공간 12진을 뜻하고, 숙(宿)은 별의 위치를 나타낸다. 별을 보고 점을 친다는 말이 있다.

진숙의 뜻은 별자리의 방향을 가리킨다. 지구도 돌고 별들도 움직인다. 행성, 유성, 무수한 무한(無限)의 공간(空間), 그곳에는 무한의 움직임이 잠시도 쉼도 멈춤도 없이 무수히 일어나고 있다. 그 일어남의 정도를 보고 점치는 것을 천문 지리 풍수라 하며, 천지조화의 변화와 인간에게 미치는 영향을 연구하는 자연철학으로 과거에는 단순한 추측과 경험을 토대로 별자리를 관찰했다. 하지만 지금은 천체망원경을 통해 아주 멀고 작은 별자리들까지 볼 수 있고 그곳에서 일어나는 일들까지 알려고 하는 자연철학으로 발전하여 새로운 별자리도 찾아내고 그 공간에 인공위성이라는 우주선을 마구 쏘아 올려 더욱 어지럽고 복잡한 우주공간으로 변해가고 있다.

과거 일월성진(日月星辰), 해와 달 그리고 별자리를 연구하여 그곳을 정복하려던 것이 지금은 자연철학을 이용하여 자연정복을 꾀하고 있다.

□ 계절 따라

삼복이 번갈아 찾아드는 계절이다. 태양의 계절, 작렬(炸裂)하는 태양이라는 표현, 그 뒤에는 무덥고 짜증스러운 계절이 있다. 펑펑 내리는 대설도, 살을 에는 듯한 소·대한 추위도, 꽃피고 새 우는 청춘을 예찬한 봄도 지나가고, 무덥다는 표현으로도 대신할 수 없는 불쾌지주가 아주 높은 후텁지근한 날씨가 계속된다. 그러나 계절의 변화는 막을 수 없기에 지루한 장마철 또한 맞이할 수밖에 없다.

동화 '개미와 배짱이'가 생각나는 계절이다. 아무리 무덥고 짜증스럽고 불쾌지수가 높지만 할 일을 찾아보자. 그래야 알찬 가을과 겨울을 맞이할 수 있지 않을까. 덥다고 에어컨 밑에서만 지내려고 한다면 냉방병뿐 아니라 건강도 해칠 수 있으니 무슨 일이든지 찾아야 한다.

할 일이 없으면 산이나 강가로 가보자. 귀찮은 생각이 들 수도 있지만 그것을 극복해야 한다. 극복하지 못하면 허약해질 수밖에 없다. 극복이라는 것도 다 나를 위하여 하는 것이다.

우리는 과거 농본(農本)문화권에서 자랐다. 농은 천하지대본으로 여기며 보고 배우며 생활했지만 지금은 우루과이라운드라는 것이 우르르 밀려들어 농촌인구는 점점 줄어들고 농부로는 살 수 없으니 그 농부가 산업현장의 근로자로 변하였다.

그러나 그 산업현장도 공평치 않은 정규직 · 비정규직으로 패가 갈리어 틈이 생기니 차별화된 여건 속에서 차별화된 삶을 살아간다.

그뿐이 아니다. 비에도 정에도 구애 받지 않는 특수계층이 날로 늘어난다. 무엇으로 부를 이루었는지 알 수 없는 무리들, 그들의 생활 방식은 상상을 초월한다.

자유 자영업이라는 뚜렷한 직업도 없으면서 수십억을 굴리는 백만장자들이 늘고 있으니 부지런한 개미와 편안함만을 즐기는 배짱이의 교훈도 맞는 말인지 의심이 가지만 그래도 열심히 할 일을 다 하고 쉬는 것이 양심에 부담이 없는 진정한 편안함이다.

005	寒	來	暑	往
	추위 한	올 내	더위 서	갈 왕
	한	내	서	왕

006	秋	收	冬	藏
	가을 추	거둘 수	겨울 동	감출 장
	추	수	동	장

추위가 오면 더위가 가고 가을에 거두며 겨울에 갈무리한다.

추위와 더위, 겨울과 여름이 가면 또 오고 간다. 계절의 변함에 따라 그 절기에 맞는 일들이 일어난다.

지금은 참기 어려운 무더움의 연속이지만 농부가 열심히 가꾼 곡식들이 자라고 있으니 가을이 되면 곡식을 거두어 저장해 두어야 겨울에 편안히 지낼 수 있다는 말이다.

007	閏	餘	成	歲
	윤달들 윤	남을 여	이룰 성	해 세
	윤	여	성	세

008	律	呂	調	陽
	법 률	음률 여	고를 조	양기 양
	율	려	조	양

윤달로 해를 이루고 율과 여로 양을 고르게 한다.

1년 24절기 나머지 시각을 말한다. 나머지 시각을 윤달로 하여 해를 이루는 것이 윤년이다. 천지간에 양기(陽氣)를 고르게 하니 율(律)은 양(陽)이요 여(餘)는 음(陰)이라 하여 우리가 사는 이치도 음양의 조화를 이루고 있다.

009	雲	騰	致	雨
	구름 운	오를 등	이를 치	비 우
	운	등	치	우

010	露	結	爲	霜
	이슬 로	맺을 결	될 위	서리 상
	로	결	위	상

구름이 올라 비가 되고, 이슬이 엉키어 서리가 된다.

수증기가 올라가 구름이 되고 냉기(冷氣)를 만나 비가 된다. 그리고 이슬이 맺혀 서리가 되니 밤기운이 풀에 맺혀 물방울처럼 이슬을 이룬다. 이런 현상을 자연의 기상인 자연조화(自然調和)라 한다.

011	金	生	麗	水
	쇠 금	날 생	고울 려	물 수
	금	생	여	수

012	玉	出	崑	岡
	옥 옥	날 출	산이름 곤	산등성이 강
	옥	출	곤	강

금은 여수에서 나고, 옥은 곤강에서 난다라고 해석되는 글이다. 이 글귀를 인용하여 지은 시(詩)가 있다.

사육신 박팽년의 "금생여수라 한들 물마다 금이 나며 옥출곤강이라 한들 뫼마다 옥이 날 소냐. 아무리 사랑(思郞)이 중(重)타 한들 님마다 좋으랴." 금은 아름다운 물에서 난다 한다. 옥은 곤강에서 나온다. 아무리 사랑이 소중하다 한들 임마다 따를 수 없다.

이 시는 절개와 신념을 나타낸 작품이다. 금과 옥은 성군(聖君)을 비유한 것으로 두 임금을 섬길 수 없다는 비유적 표현으로 단종에 대한 애끓는 충정이 담긴 작품이다.

이런 사자성어는 해석과 해설을 그 시점에 맞추어 풀이해보면 아주 이색적인 글귀로 변할 수도 있고, 당치도 않는 곳으로 헤매기도 한다.

지금 나도 '하늘과 땅 그리고 나'라는 존재를 생각하면서 감히 일월성진도 운운하고 금생여수의 사자성어도 제대로 풀이할 줄도 모르면서, 단종에 대한 애끓는 심정을 천자문에 나오는 글귀를 인용해서 고매하신 박팽년의 충절을 한 수의 글로 표현한 기지에 경의를 표할 따름이다.

금과 옥은 우리 인간들이 가장 존귀한 보물로 여기지만 금과 맑은 물, 옥과 곤륜산, 산은 뫼와 능(陵)으로 해석하지만 그 속에 금과 옥이 있다는 것을 모르고 산다.

금과 옥보다 소중한 것, 그것이 일편단심 변하지 않는 믿음과 의리이지만 소중하게 여기지 않고 사는 것 같아서 사랑의 시 '꿈에 보는 님' 한 편을 적어보자.

"꿈에 보이는 님은 믿음과 의리가 없다고 하지만, 못 견디게 그리울 때 꿈에서가 아니면 어떻게 보겠는가. 저 님이시여, 꿈이라 생각하지 말고 자주자주 보이소서."

013	劍	號	巨	闕	014	珠	稱	夜	光
	칼 검	이름 호	클 거	대궐 궐		구슬 주	일컬을 칭	밤 야	빛 광
	검	호	거	궐		주	칭	야	광

검에는 '거궐'이 으뜸이고, 구슬은 '야광'으로 칭했다. 칼을 도검(刀劍)이라 한다. 도는 한쪽에만 날이 있어 베고 자르는 데 사용한다. 검은 양쪽에 날이 있어 베고 찌르는 병기(兵器)이다. 칼에도 식도(食刀), 과도(果刀)가 있고, 그리고 장수(將帥)들이 차고 다니는 장도(長刀)를 검이라 한다.

옛날 중국의 월(越)나라 왕 오장(五張)에게는 보검이 다섯이 있었는데 그 중 가장 훌륭한 검이 거궐(巨闕)이다.

<칼이 명장의 손에 쥐어지면 구국(救國)의 칼이 되고, 어머니 손에 쥐어지면 맛있는 요리를 만들 수 있고, 흉악한 강도의 손에 들려진다면 잔악한 일을 저지르는 흉기가 되니, 칼은 이기(利器)도 되고 흉기(凶器)도 된다.>

이와 같이 세상에는 주칭야광 즉, 어두운 곳에서도 빛을 내는 사람이 있는가 하면 때만 되면 나타나 자기만이 이 나라에서 제일이라는 착각 속에서, 혼자만이 나라를 위하고 국민을 잘살게 하겠다고 떠들어대는 사람이 너무 많다. 그들이 말하는 주칭야광이 많으니 이번 대선은 기대해 볼 일이지만 또 실망시키지 말아야 할 텐데….

하지만 어디 실망이 이것뿐인가. 그러니 몸조심하자.

□ 몸조심 하자

내 몸은 나의 것이다. 나를 누구도 대신할 수도 없고 대신해 주지도 않는다. 그러니 내 몸은 내가 가꾸고 지켜야한다 라고 한다면 누구나 나를 독선주의자, 또는 자기만 아는 이기주의자라 할 것 같지만 그런 것은 이제 염두에 두지 않는 것이 나를 위해서 할 수 없이 내린 결정이다.

내 몸을 내가 챙기지 않으면 보살펴 줄 이 아무도 없다. 그러니 열심히 산다는 것도 나를 위해서 사는 것이지 누구를 위하고 의식해서도 아니다. 나를 위해 살 수밖에 없는 사회적 구조에 적응하려는 것뿐이다.

그러나 우리의 삶을 그저 그런 것이라 생각한다면 아무런 눈치 볼 일없이 나만을 위해 살 것 같지만 혼자만을 생각하며 살아가는 것이 결코 편안하고 행복하지 않다는 것을 알게 될 것이다. 나만을 위한 생활은 나를 외톨이로 만들뿐이다. 우리는 더불어 살기를 원한다. '더불어'란 함께 섞이어 살아가는 것이다.

혼자는 외롭고 둘은 아쉬움이 있고, 셋은 선택이 생기니 이때부터는 다툼이 생긴다. 선택의 여유가 자유로운 것인지, 분망(奔

忙)한 것인지 알 수 없는, 어찌할 바를 모르고 이것도 저것도 아닌 이러지도 저러지도 못하는, 우왕좌왕 갈팡질팡 중심도 주관도 없이, 눈치만 보고 자신을 숨기고 줏대도 없이 살아온 힘든 생활이 우리의 삶이다.

힘든 오늘이 '행복하다'고 산 사람이 있다면 그는 반드시 행복한 내일이 올 것이다. 행복한 오늘이 있다면 그것은 힘든 어제가 있었기 때문이다.

이런 생각이 과거의 내 생활 철학이지만 다시 나만을 생각하는 외로운 길을 갈 수밖에 없는 나이기에 내 마음대로 서술하는 글을 쓰고 있다. 정확한 지식도 풍부한 자료도 없어 갖추어지지도 않아 논술여건에 맞지도 않는 글을 대략적으로 머리에 떠오르는 대로 기록하는 것은 그저 일기인 것이다.

이런 글이 옛날에 할머니께서 들려주신 아련하고 감미로운 그 첫마디 "옛날 옛날 아주 옛날, 이런 사람이 살았는데…"로 시작하여 끝에는 어김없이 "잘 살다 죽었다"라고 하는 사실적 근거도 없는 그런 이야기 같은 글이지만 억지도 왜곡도 모르며 아는 대로 써내려갔다.

또한 이렇게 저렇게 써 볼까 하는 망설임도 없으니 퇴고(推敲)라는 문구를 빌릴 이유도 없이 자유로이 써 가는 자유일기이다. 자유는 내 마음대로 행하는 것이 아니라 형식(型式)이나 격식(格式)에 구애 받지 않고 욕구에 따라 움직이는 것이다.

우리는 너무 격식을 의식하고 사는 것 같다. 생활방식도 너무 예의라는 것에 치우쳐서도 안 된다.

"체면이 밥 먹여 주는가"하는 말처럼 체면만 앞세우다 보면

하고픈 일을 할 수가 없다. 이제는 조금 자유롭게 행동하자. 하고픈 일을 하고 먹고 싶은 것은 먹자. 금기(禁忌)식품이라 하여 먹지 말라는 것들이 너무 많다. 그러니 자연식품이니 신토불이니(Well being)하는 음식들을 찾아다니며 몸에 좋다는 것에 노예가 되어가고 있다.

우리 몸은 부족한 영양소가 있으면 그것을 요구한다. 이런 것을 '입에 당긴다'라고 한다. 그런데도 건강식품이라면 먹기 싫어도 억지로 먹고, 먹고 싶은 육류나 기호식품들을 외면하고, 채식이 좋다고 그것만 고집하는 것은 생각해볼 일이다.

채식(菜食)주의자가 늘고 있는데 사람은 일상생활을 하다 보면 습관이나 식성이 체질에 따라 저절로 생기게 되는 것이다. 이런 필요에 따라 자연적으로 생겨난 욕구를 억지로 바꾼다면 적잖은 부작용이 따르게 된다.

사람은 나이가 들수록 건강을 생각하게 된다. 그러나 건강식이 자연 상태에서 생산된 곡류나 과일, 채소류에 국한된 것이 아니다.

육류, 가금류(家禽類), 어류(魚類) 그리고 알(卵)과 유제품(乳製品)들도 다 건강식품이 될 수 있으니 입에 당기지 않는 식품을 억지로 먹는 것도 욕구불만뿐만 아니라 건강에도 별 도움이 되지 않는다. 먹고 싶은 것을 먹고 살 수 있다면 이것이 노후의 행복이라 여기고 사는 것이 나의 행복론이지만 이런 횡설수설도 그만 접자.

더 이상 방황하면 주정꾼이 될 것 같은 예감이 나를 힘들게 하니 몸에 좋다는 과채(果菜) 이야기나 하자.

015	果	珍	李	柰
	실과 과	보배 진	오얏 리	능금나무 내
	과	진	이	내

016	菜	重	芥	薑
	나물 채	중히여길 중	겨자 개	생강 강
	채	중	개	강

과일은 자두와 능금을 보배롭게 여기고 채소는 겨자와 생강을 중하게 여긴다. 과실(果實)도 여러 가지가 있다. 그 중에서 능금(綾錦)과 오얏(李)이 으뜸이다. 지금은 개량품종으로 우량 과일이 넘치고 있지만 옛날에는 자연 그대로의 나무열매뿐이니 능금이 보배일 수밖에 없고, 과일 중에 과일이 능금이었다.

아주 어려서 우리의 입맛을 사로잡던 홍옥사과가 생각난다.

중 3때인 것 같다. 학교 친구네 과수원으로 놀러 갔다. 그때는 사과가 '과진'이라는 글귀처럼 참으로 귀하여 명절 때나 제삿날에나 먹어볼 수 있는 귀한 과일이었다.

그런 과일이 그 친구네 과수원에 가면 지천으로 많으니 '친구보다 그 과일 때문에 그 친구를 좋아하지 않았나?' 하면 친구를 모독하는 말이 될 수도 있다. 사과가 귀한 보배일 때, 그 친구 집에 자주 놀러간 것은 지금 생각하니 사과보다도 친구네 할아버지와 할머니의 인자하고 후덕한 사랑 때문인 것 같다. 지금도 그 친구를 만나면 아주 옛날의 기억을 떠오르게 하는 그 할아버지가 따주신 빨간 능금, 그것이 아마 홍옥인 것 같다.

그뿐이 아니다. 할머니가 끓여주신 된장찌개, 손자와 똑같이 대해주신 그 할머니가 지금도 생생히 기억나지만 모두 돌아가시고 지금은 아련한 추억 어린 잊혀지지 않는 인연으로 영원히 머릿속에서 지워지지 않는 것은 마음으로 보는 또 하나의 아름다운 추억이기 때문이다.

나에게 추억을 남기신 할머니가 돌아가신 날은 기억할 수 없으나 더위가 시작하는 여름 어느 날로 기억될 뿐이지만 극락왕생하셨을 것이 분명하다고 믿고 싶다.

아름답던 진풍경도 눈으로만 보았다면 어릴 적의 고마운 인연들의 기억도 지금쯤은 잊혀질 법한데 아직도 생생히 남아있으니 사람의 마음속에 자리 잡은 잠재의식, 그것은 지우려고 해도 지울 수 없는 것이다.

좋은 추억, 좋은 우정, 마음속의 여행일기 등과 함께 아주 오래오래 간직했고 또 잊을 수 없는 아름답던 추억이다.

과실(果實), 田+木 나무 위에 입이 넷이다. 과일이 주렁주렁 달려있는 것을 의미한다. 진(珍)은 보배, 구슬옥에 사람이 셋이다.

木+子 나무 아래 아들은 번성함을 의미한다. 이는 조상의 마음을 나타내는 자두를 의미하는 것이다. 木+示 나무 아래 보일시, 벗 내, 사과나무를 말한다. 사과는 아주 귀한 열매로 옛날부터 부모의 제사상이나 차례상에는 빼놓을 수 없는 귀한 과일이다.

채소(菜蔬), 소채라고도 한다. 뿌리째 뽑아서 먹을 수 있는 나물을 말한다.

중(重)은 일천 마을이다. 많은 전답(田畓)이 있는 마을 千+里 천 개의 마을이니 중히 여긴다는 뜻으로 사용하여 중요하게 여긴다는 말이다.

艸+介 는 겨자이다. 풀 사이에 끼어 있는 개는 '소개하다'라고도 하고, 강(薑)은 생강, 새앙이라고도 하며 질경이 풀로서 약초의 독을 없애주고 식욕을 돋워주고 위장병, 간 기능 촉진, 살균 소독, 그리고 설사약으로도 사용한다.

겨울에 생강차는 감기를 예방해주고 가래, 기침, 기관지 천식 등에 약효가 있는 기호식품이니 채소 중 으뜸일 수밖에 없을 것 같다.

채식이나 육식 중에 주로 섭취하는 것은 환경 여건에 따라 정해진 습관이지 처음부터 건강식을 고려해서 생겨난 것이 아니다. 그러니 요란스럽게 건강식품이라 선별하여 먹고 즐기려는 생각은 오히려 건강을 해칠 수 있고 포식이나 편식은 질병을 얻을 수 있다. 먹고 싶은 것이 있다면 그것이 해로운 기호식품인 커피든 술이든 육류든 과하지 않으면 건강에 나쁘지 않으리라 생각한다.

017	海	鹹	河	淡	018	鱗	潛	羽	翔
	바다 해	짤 함	물 하	싱거울 담		비늘 린	잠길 잠	깃 우	날 상
	해	함	하	담		린	잠	우	상

바닷물은 짜고 민물은 심심하다. 물고기는 물속에 잠기고 깃털, 날개 달린 새는 공중을 난다. 짜고 심심한 것이 만나는 곳, 바닷물과 민물이 만나는 곳이 바로 포구이다.

중립 지점, 이것도 저것도 아닌 막 섞어지려는 순간 조금만 지나면 민물이 바닷물로 변한다. 그렇게 갈리어지는 것같이 물고기는 바다에 잠기고 새는 하늘을 날 것이다.

해수나 담수는 같은 물이지만 맛이 다르다. 물고기나 날짐승도 같은 동물이지만 노는 곳이 다르다.

사람도 사는 곳은 같아도 사는 방식이 다르다. 정당도 똑같은 정치이념으로 뭉쳐진 것만도 아닌 것 같다.

특히 정치집단은 그때그때 필요에 따라 뭉쳤다 흩어졌다 하는 기회주의자들의 집단인 것 같은 인상을 준다. 이럴 때 쓰이는 말로 '토사구팽(兎死狗烹)'이라는 말을 사용해보자. 토끼를 잡고 나면 쓸모없어진 개마저 삶아먹는다는 말이다.

'교토사 주구팽(狡兎死 走狗烹) 적국파 모신망(敵國跛 謀臣亡), 재빠르고 교활한 토끼가 죽었다. 달리는 사냥개는 삶아 죽인다'라는 글을 줄여서 한 말이 토사구팽이다.

필요 없는 것이 이것뿐이 아니다.

'고조진 양궁장 적국파 모신망(高鳥盡 良弓藏 敵國破 謀臣亡), 나는 새도 다 잡아 없어지면 사냥할 때 쓰이는 좋은 활도 숨기고, 적국 적수(敵手)가 깨지어 멸망(滅亡)하니 함께 의논하던 신하도 망, 죽다, 잃다, 없어지다의 뜻대로 적국이 사라지니 함께 논의하던 신하도 필요 없으니 제거(除去)한다'는 말이다. 요긴할 때는 소중히 여기다가도 쓸모가 없게 되면 천대하고 쉽게 버린다는 말이다.

한나라를 세운 고조 유방은 평민출신으로 황제가 된 사람이다. 그에게 충성을 바친 공신들은 우대하여 권력의 기반을 잡았다. 그러나 그는 보좌한 공신들을 안심시키기 위하여 합당한 대우를 해주긴 하였지만 자기 뜻에 맞지 않는 사람들을 결국은 하나하나 제거하여 토사구팽이라는 말이 나오게 되었다.

토끼사냥을 할 때는 사냥개가 필요하다. 한 뜻으로 뭉친 정치인들이 왜 대선 때만 되면 동요하는 것일까. 이들도 담수와 해수 같은 사이일 것 같다.

섞이기 싫어도 섞여야만 얻고자 하는 것을 얻을 수 있었다. 토끼를 잡으려 하니 필요한 사냥개를 길렀다.

이제 늙은 사냥개가 필요 없다고 여겨지니 새로운 것을 찾을 때라 여겨지는지 각자의 노선을 가면서 억지소리도 정당한 것처럼 자기만이 옳다고 고집한다.

이러한 꼴들을 읍참마속(泣斬馬謖)의 심정으로 눈물을 머금고 참고 견디어 보겠지만 사람이란 감정이 있는 동물이기에 참을 수만도 없기에 한마디라도 해야 속에 응어리가 조금은 풀릴 것 같지만 반복되니 좀처럼 풀릴 것 같지 않다.

이런 나쁜 기억을 축소시킬 수 있는 약제가 발명되어 응어리진 것만을 잊어버리게 한다는 것이다. 이제는 사람이 느끼는 감정이나 슬픔도 인위적으로 지울 수 있는 시대가 온 것 같다.

피할 수 없는 과거의 악몽은 지워버리고 좋은 기억만 남게 한다는 그런 약을 개발했다니 놀라운 이야기이다.

분노를 완화시키고 감정을 진정시켜 떨쳐 버리면 슬픔은 반으로 줄고 기쁨은 나누면 두 배로 는다는 말도 있다. 이런 슬픔을 느낄 때 그것을 담아두면 점점 커져서 병으로 변한다. 아무리 마음씨가 착한 사람도 우울할 때가 있고 화를 발칵 낼 때도 있다. 이럴 때 하는 말이 '순한 사람이 화가 나면 더 무섭다'고 한다.

감정을 억누르다 보면 슬픔과 분노, 놀라움 등 그런 것들이 점점 쌓여 가는데 약으로 치료한다니 그것이 좋은 약이 될지 인간을 오히려 병들게 할지는 모르지만 인간은 인간으로 살고 싶은 심정이다.

이런 하찮은 말을 하면 조금 알면서 대견스럽게 여긴다고 놀릴 줄 알지만 조금씩 알아가다 보면 많은 것을 알 수 있으니 부끄러울 것이 없다.

필요할 때는 찾고 필요 없어지면 가차 없이 버려진다는 냉혹한 현실을 풍자한 고사성어들을 지금 이 시각에도 많은 정치인들은 알고 있지만 모른 척하고 있으니, 나도 함부로 쓸 수 없는 말들이 너무 많은 것 같으나 기 출사표를 던진 사람들의 행보를 지켜볼 일이다.

□ 출사표(出師表)

이 말은 중국 삼국시대 촉나라 제갈량이 출진(出陣)에 앞서 임금에게 바친 상주문(上奏文)이다.

요약해서 말한다면 출병에 앞서 그 뜻을 왕에게 올리는 글이다. 이런 말을 지금은 큰 경기나 정쟁(政爭)에 앞서 비장한 각오를 가지고 도전한다는 각오를 세상에 알리는 말로 많이들 사용한다. 대통령이나 국회의원 또는 어떤 기관의 단체장으로 나서거나 어떤 사업에 끼어들 때 이 같은 말을 사용하는 것은 이치에 어긋나는 바른말이 아닐 수도 있다. 그러나 이 말을 사용하여 나라와 국민을 위하며 애국을 다하겠다는 마음으로 받들어 올리겠다면, 원뜻에서 조금은 변형된 말이지만 그런 마음으로 임한다면 그 각오가 확실한 맹서라면 지나치게 변형되지 않은 말인 것도 같다. 사명감, 그것에 위민(爲民)이라는 뜻이 담겼다면 조심스럽게 사용해야 할 말임엔 틀림이 없다.

잠용(潛龍)이 승천하려고 출사표를 던졌다. 동지를 모으려고 회동(會同)하여 연속회의도 열어보지만 그 동지가 같은 꿈을 꾸고 있으니 합류통합(合流統合)되지 않고 결렬(決裂)되어 이탈(離脫)하게 되니 이것이 탈당이다.

이들 잠용은 상대를 비방하며 새로운 세력에 합류 통합하려다 합류할 곳이 없으면 새로운 세력에 흡수도 된다. 이들은 독자노선을 걷는 외로운 용으로 '저런 사람이 나오는데 내가 하면 맞장구칠 사람이 없으니 그런 꼬락서니는 못 보겠다'하여 다시 잠복했다가 때를 기다리는 잠용의 수는 늘어나게 되나 승천할 용은 하나이다. 그러니 시끄러울 수밖에 없다.

잠용은 천년을 기다려야 한다. 우리 속담에 '한 우물을 파라' 했다. 양다리 걸치기, 두 마리 토끼를 다 잡으려다 두 마리 다 놓치니 이것이 과욕이 부른 패배이다.

우왕좌왕 하지 말고 제자리를 지키고 정당한 출사표를 던지자. 자신이 있다면 두려울 것이 없다. 나라를 위하고 국민을 살기 좋게 한다는데 반대할 사람은 아무도 없다.

그런 사람이라면 당연히 지지해야 한다. 그런데 그것이 좀 이상하다 하면 문제가 생기게 된다.

연대(連帶), 이런 말들이 너무 많이 일어나고 있다. ○○이나 △△사모회들…. 회는 모임이며 팬클럽이라는 것도 모임이다. 산악회 하면서 전국에 지부를 결성하고 세력을 확장하여 운영하고 있으니 관광버스를 타고 등산을 가는 진풍경이 여기저기서 눈에 띈다. 이런 동우회와 사모회나 클럽들은 무슨 돈으로 운영되고 있는가.

돈의 가치는 날로 떨어져가니 이런 것을 인플레이션(Inflation)이라고 한다. 환율은 떨어지고 돈은 넘치니 해마다 관광여행이 기승을 부린다.

환율이 떨어지니 과거보다 싼값으로 외국을 여행할 수 있다고 너도나도 나가려 하니 무역은 흑자지만 관광수입은 적자이다. 이런 적자를 메우고자 외국인들을 불러오려고 과테말라로 갔다. 그러나 기대했는데 그곳으로부터 비보가 오고 말았다.

동계올림픽 유치, 또 실패다. 정말 가슴이 아프다. 경제를 살리려는 의지로 큰 도움이 될 줄 알았는데 무산으로 경제는 다시 냉기류가 돌 것 같은 기분이다.

강원도 평창에서 전국으로 보이지 않는 손실이 일어날 것 같다. 메밀꽃 필 무렵의 배경인 봉평에 가본 적이 있다. 아름다운 홍정계곡, 금당계곡, 그곳에 올림픽으로 특수(特需)를 누리려고 외부인들이 지은 팬션, 콘도미니엄이나 선수촌, 그 많은 부대시설과 주최측인 강원도민들, 그리고 힘써준 많은 분들의 노고를 어찌하며, 경제적 손실을 어찌할까…. 그러나 한탄만 할 때가 아니다.

경제와 문화를 발전시키는 데는 많은 세월을 보내야 한다. 앞으로 4년, 우리는 지금부터 준비한다면 더 좋은 경기를 치를 수 있는 경제적·문화적 부를 얻을 수 있으리라 확신을 갖는다면 이번 실패는 슬기롭게 넘길 수 있으리라.

<table>
<tr><td rowspan="3">019</td><td colspan="4">龍 師 火 帝</td><td rowspan="3">020</td><td colspan="4">鳥 官 人 皇</td></tr>
<tr><td>용
용</td><td>벼슬
사</td><td>불
화</td><td>임금
제</td><td>새
조</td><td>벼슬
관</td><td>사람
인</td><td>임금
황</td></tr>
<tr><td colspan="4">용 사 화 제</td><td colspan="4">조 관 인 황</td></tr>
</table>

용의 벼슬, 불의 임금, 새의 벼슬, 사람의 임금은 옛날에는 절

대 권력자로서 신격화된 인물이다.

지금 그 잠용(潛龍)들이 조용히 땅속에 묻혀 있다가 때가 됐는지 여기저기서 꿈틀거리며 일어나고 있다. 제왕을 꿈꾸며 대권의 기회를 놓칠 리 없다. 당선 가능성, 그것을 따지기 전에 과연 내가 용상에 오르면 만백성을 위해 일할 수 있는 그릇인가를 먼저 따져볼 일인 것 같은데 당선과는 아주 희박한 대권주자들이 마구 설치니 어수선하다.

요사이 취업문이 좁으니 경쟁률이 천 대 일도 넘는 곳이 있다고 하니 대통령도 덩달아 경쟁하려는 수험생을 닮아가는 것 같은 인상을 준다.

'중도탈락(Cut off)'이라는 것은 골프에서 1, 2라운드까지 성적이 일정 기준에 미치지 못하면 탈락시키는 제도이다. 이런 제도에서 탈락의 대가로 무엇을 얻으려는 뜻이 있겠기에 그곳으로 몰리는 것이 틀림없어 보이지만 그것이 무엇일까.

차기 대권의 초석(礎石)일까, 자기 혼자의 가능성일까. 아니면 못마땅한 후보를 흔들어 보려는 속셈으로 그의 당선을 저지하려는 음모일 수도 있지만 대선 예비 후보들이 왜 이렇게 많은지, 아마도 백여 명에 가까울 것 같다.

탈락을 고려해서 체면상 잠시 수면 아래에 잠겨 기회를 엿보며 꿈을 버리지 못하는 용들은 이보다 몇 배도 넘을 테지만 일어나지 않는 용들이 얼마나 많을까.

세상에 너무 똑똑한 사람이 많아도 시끄러운 것이구나….

□ 할머니표 고사리

원조(元祖)는 근원(根源)이다. 뿌리, 그보다 더 이상을 생각하면 끝도 한도 없을 것 같다.

뿌리는 최초 발생지의 원천이다. 원천(源泉) 하면 그것이 처음이니 더 이상 알려고 하지 말자. 근원이나 원천은 처음 시작된 것이니 그때부터의 지나온 과정도 다 알 길이 없거늘, 근원전의 근(根)을 알려고 한다든가 물어보려 한다면 나는 이렇게 해답할 수 있다고 장담할 수 있다.

하느님이 세상을 창조한 것으로 아는 나에게 '노아의 방주'라는 말은 이해할 수가 없다. 세상을 멸하고 새로운 세상을 다시 창조하신 하느님도 그 방주에 닭 한 쌍을 남기어 닭이 새로운 세상에서 종족을 번식한 것이지만 그 닭은 알에서 나왔을 것인데 방주에 탄 그 닭은 어느 알에서 부하했는가? 그 닭은 어디서 왔는지 알 길이 없으니 '우리의 근원은 내가 알고 있는 곳이 곧 근원이 되는 것이다'라고 역설부터 하자.

내가 아는 처음 시작한 그곳이 원조(元祖)라는 말이다. 먼저 어떤 일을 시작한 사람이 그것을 대표하는 것으로 보쌈족발, 원조할머니 집이 있는가 하면, 조금 유명하다 싶으면 으레 원조라 하는 말을 넣어 자기 것이 최초로 만든 최고의 비법(秘法)이라 자랑하며, 별것도 아닌 것을 자랑하고 그 제조방법을 숨기려하고 한다.

근원은 할머니로부터 시작된 것으로 내가 아는 것은 할머니 이상의 그 전은 모르고 내가 아는 할머니가 전부이기에, 원조는 내가 아는 최초의 것으로 이해하면 아무런 문제도 없다.

인류학자들도 밝혀내지 못한 할머니의 신비로움을 어떻게 밝힌다고…. 밝혀질 일도 아니지만 그것은 창조의 신을 모독하는 행위이니 할머니는 조모(祖母)님이니 조(祖) 할아버지와 같은 아버지, 어머니로 기억하고 내가 아는 최초의 사람, 그 할머니가 나의 최초의 뿌리로 기억하면 편안하다.

나는 그런 할머니가 아주 어려서 돌아가셨기에 기억이 없지만 아버지의 어머님이니 아련히 기억하면 '그분이 내 할머니이었구나'하는 기억 속에서, 내가 할아버지가 된 것도 모르고 지나가는 할머니만 보면 우리 할머니 같은 생각에, 지금도 마음씨 착하고 다정한 느낌이 드는 모든 할머니들을 좋아한다.

그런 할머니가 나를 실망시켜버리고 만 사건이 일어나고 말았으니 가슴이 아픈 것이 아니라 찢어지는 통증을 느끼게 한 사건이었다. 심히 불쾌하여 내 마음속의 할머니를 영영 잃어버리는 것은 아닌지 걱정이 앞서니 이를 어쩌면 좋단 말인가.

어느 화창한 휴일 오후다. 아내의 성화에 못 이겨 재래시장으로 쇼핑이 아닌 장을 보러 갔다. 이곳저곳 둘러보니 내 어릴 적에 5일장에서 보던 그런 진풍경을 여기저기에서 볼 수 있었고 현대 속에 과거가 공존하는 정다운 분위기가 감도는 곳이었다. 현대식으로 정돈된 매장 사이사이 좁은 틈바구니에 웅크리고 앉은 노점과 행상, 그리고 "떨이! 떨이!"하며 외치는 이상 얄궂은 차림을 한 소란스런 외침에 섞여, 한 주먹에 쥐면 남을 것도 없는 고사리나물을 팔고 있는 주름이 깊이 잡힌 할머니가 눈에 띄어 다가갔다. 이 고사리는 산에서 꺾어서 말린 것인데 다 팔고 남은 것이니 싸게 판다고 한다.

이것이 '떨이'인 것보다도 할머니를 생각하는 마음에 그것을 고마운 마음으로 사고 "할머니, 안녕히 가세요!"라고 인사까지 했다. 시장 이곳저곳을 다니며 집에서 직접 기른 채소라 하기에 그것도 사고, 지금 막 우리 콩으로 만든 김이 모락모락 오르는 먹음직한 '손 두부'라고 하기에 그것도 샀다.

산에서 직접 캐 왔다는 더덕도 사고 나니 모처럼 향수를 느낄 수 있는 재래시장 풍물도 즐기고, 우리의 정감 어린 귀한 물건도 한 아름 사서 흐뭇한 마음으로 시장을 돌아 나오려는데, 아까 그 할머니가 똑같은 장소에서 똑같은 고사리 한 움큼을 떨이라며 팔고 있는 것이 아닌가.

'아니 이럴 수가!' 빨리 팔고 집에 가야 한다는 할머니가 집이 어디기에 벌써 고사리를 삶아서 가지고 나와 다시 판단 말인가. 내가 보지 않았으면 될 일이건만 보았으니 이를 어쩌면 좋을까.

아무리 요지경의 세상이라 하지만 이럴 수가! 무엇 때문에 저 순진한 할머니가 단돈 몇 천 원도 안 되는 작은 돈을 위해서 떨이라고 거짓말을 하게 만들었단 말인가.

그 할머니를 의심하고 싶은 생각보다는 그런 술수(術數)를 쓰지 않으면 정말 살 길이 없단 말인가. 그 고사리 한 움큼을 뒷산에서 직접 꺾은 것이라 해도, 중국산이라 해도 좋으나 그렇게 할 수밖에 없는 사회를 원망할 뿐이다. 그것만 파시고 일찍 들어가시어 따뜻한 저녁 진지라도 잡수실 수는 있을지 궁금하지만 만수무강을 빌 뿐이었다.

내가 생각하는 그 시초(始初)의 할머니, 처음 시초의 그것들이 참으로 궁금하여 천자문을 통해 그것을 더듬어 가다가 '문자(文字)의 원조'가 궁금해졌다.

021	始制文字				022	乃服衣裳			
	비로소 시	지을 제	글월 문	글자 자		이에 내	입을 복	옷 의	치마 상
	시 제 문 자					내 복 의 상			

비로소 문자를 만들고 이에 옷과 치마를 입었다.

처음 글자를 누가 만들었나. 복희씨가 그 신하 창힐(倉頡)이라는 사람을 시켜 글자를 만들라고 했는데 그는 새의 발자국을 보고 글자를 만들었다고 하나, 그것이 최초의 글자인지는 불분명하다고 한다.

갑골문자(甲骨文字)는 은허(殷墟)에서 출토된 하대갑골문자나 은상갑골문자가 섞여 시대를 구분 짓지 못하니 시제문자(始制文字)는 염제신농씨로부터 시작되었다고 한다.

그리고 처음 옷이라는 것을 만들어 몸을 가리니 '윗옷은 옷이요, 아래옷은 치마다'라고 알고 있는 것이 전부이니, 더 이상 설명할 수도 없고 이 정도로 아는 것은 고작 중3 정도의 실력인 것 같다.

우리는 과거 글이 없어 중국의 글과 문화를 받아들여 사용하다 보니 한문을 빼고 우리 한글로만 글을 쓰면 이해하기 어려운 점이 너무 많으니 한자도 혼용하여 사용할 수밖에 없다.

023	堆	位	讓	國
	언덕 퇴	자리 위	넘겨줄 양	나라 국
	퇴	위	양	국

024	有	虞	陶	唐
	있을 유	순임금 우	질그릇 도	나라 당
	유	우	도	당

자리를 물려주어 나라를 넘겨주었으니 유우 임금과 도당 임금이다. 벼슬을 미루고 나라를 사양하니 유우는 왕위를 물려받고 도당은 왕위를 물려준 임금이다 라고 해석한다면 여기에 함축되어있는 말은 도량이 넓어 많은 것을 포용한다는 것을 비유하는 글인 것 같다.

나라를 넘겨줄 수 있는 도량이 과연 사람에게 있을까. 과거 역사와 오늘의 정권을 볼 때 불가능한 일이 틀림없는데 '그런 일이?' 하고 의아하게 여겨진다.

025	弔	民	伐	罪
	위문할 조	백성 민	칠 벌	허물 죄
	조	민	벌	죄

026	周	發	殷	湯
	나라이름 주	필 발	나라 은	끓을 탕
	주	발	은	탕

백성을 위로하고 죄지은 자를 쳤으니 주나라 무왕과 은나라

탕왕이다. 불쌍한 백성을 돕고 죄지은 백성은 벌을 준다는 말이고, 주발은 은왕의 이름이다.

은왕은 탕왕의 칭호로 이해할 뿐 더 이상 설명할 길이 없다. 다만 죄지은 자를 처벌하고 불쌍한 자를 돕는 것은 부정 축재자를 뿌리 뽑고 경제를 살리어 국민을 잘 살게 하는 말임에는 틀림이 없다.

경제를 살리는 것이 우선이라고 공약을 하고도 잘 되지 않는지 '경포대(경제를 포기한 대통령)'라는 흉측한 말들도 오가고 있다. 사람의 몸에 병이 생기면 병원을 찾아 의사의 진찰을 받고 처방에 따라 치료를 받으면 나을 수 있다.

중요한 야외행사가 있을 때는 기상청이 발표하는 일기예보에 따라 행사를 준비한다.

그런데 이변이 생기면 기상청을 원망하고, 뒤늦게 병원을 찾아 시기를 놓친 환자도 의사를 원망하기도 한다. 그러니 살기가 어려워지면 아무리 잘하려고 노력해도 원망을 들을 수밖에 없는 것이 세상사의 이치이기에 경제논리 · 정치논리로 아무리 설명해도 국민 다수가 이해하지 않으니 '경제를 포기한 대통령'이라는 극단의 말이 생겨났다.

코미디 같은 말이지만 투기 잡기, 집값 안정, 일자리 창출하는 것들을 어렵게 경제적 · 정치적 원리라는 말을 너무 많이 사용한다.

그 원리는 아닌 것 같으니 새로운 원리가 아니라도 국민 다수가 공감할 수 있는 정책을 편다면 우리의 왕은 그래도 어려운 시기에 잘 대처한 대왕이라 칭할 것 같다.

027	坐	朝	問	道	028	垂	供	平	章
	앉을 좌	아침 조	물을 문	길 도		드리울 수	이바지할 공	편할 평	밝을 장
	좌	조	문	도		수	공	평	장

조정에 앉아 도를 묻고 베풀고 이바지하여 편안하고 밝게 다스린다. 이는 천하를 통일하고 왕위에 올라 도문을 다스리어 밝고 평화스럽게 다스리는 길을 겸손히 생각한다는 말이다. 좌조는 천하를 통일하여 왕위에 앉는 것이고 문도는 나라를 다스리는 법도를 말한다.

궁 안에서 도를 묻고 팔짱만 끼고 있어도 나라를 밝게 다스렸다는 말이다. 무왕이 주나라를 세우고 이민족의 침입으로 도읍을 동쪽으로 옮김과 함께 중국 춘추시대가 시작된 것이다.

그러나 주나라는 점점 쇠약해지고 주나라 왕은 명목상 천자일 뿐이며 제후들이 각자 영토 확장을 위해 침탈과 정복이 일어나는 난세(亂世)가 시작되니, 수많은 영웅들이 난세를 다스려 세상을 구하고 철학과 사상인 도가(道家), 유가(儒家), 묵가(墨家) 등이 일어나고 이 학파가 노자(老子), 공자(孔子), 묵자(墨子)이다.

이렇게 제자백가(諸子百家)의 다스림으로 시작해서 다스림에 겸손해진다는 말로 맺을 뿐이다.

□ 남는 장사

장사나 사업을 하려면 밑져서는 안 되며 남는 장사를 해야 한다. 주기를 좋아하는 우리 민족성 때문에 퍼주기만 하다가는 '남는 것이 없으면 어쩌지?'라는 말이 한참 유행할 때도 있었다. 이제는 살 만하니 남도 아닌 같은 동포로서 그 동포의 어린이들이 배고파함은 볼 수가 없다. 그러니 우리는 북을 물심양면으로 도와주려고 노력한다.

북의 핵시설 폐기인지 폐쇄인지 그런 것을 이행하는 조건으로 대화하고 교류하다 보면 평화통일이라는 것을 얻으려고 주고 달래어 환심을 산다는 뜻이 아니라도, 이웃이 어려우면 그냥 보고만 있을 수 없는 우리들이기에 약자를 돕고 동족이 어렵게 살아가니 돕는 것이 당연하다는 원칙만으로 해석한다면 아무런 문제도 없다.

도와주는 데 이유가 있을 수 없다. 그러나 도움을 주어도 묵묵부답 변함이 없으면 힘들여 모은 경협자금으로 도왔지만 왜 퍼주기만 하느냐고 할 수도 있다.

퍼주기식 정책은 기대할 만한 징후가 보이는 것 같아 기다리고 있으니 반응이 오는 것도 같아 성공한 정책으로 평화통일을 할 수 있다면 제2의 노벨평화상은 따 놓은 당상일 수도 있다.

이번 남북정상 회담도 좋은 결과로 가고 오면 좋아질 것을 기대하지만 많은 의견차이로 문제점도 있으나 언젠가는 이루어져야 할 민족의 과제인 평화통일이 될 수만 있다면 그래도 '남는 장사'라는 논리는 타당한 말인 것도 같다.

그러나 그 기틀로 차기 대권주자 당선자의 몫으로 남아 있을 뿐이니 성급히 생각하지 않고 기다릴 뿐이다.

미사일 시험발사는 단순한 군사훈련인 것 같다고 우리 정부는 말했다. 그러나 주한미군 사령관은 한국과 한국국민을 겨냥한 시험발사라 발표하니 또 한 번 놀랐지만 놀람도 이제는 만성이 된 것 같다.

이런 시점에서 정치도 경제도 모르면서 마구 지껄이는 것도 평화통일에 도움이 되지 않을 것 같아 함구하지만 궁금하고 답답하다.

우리는 많은 세월동안 모르는 그곳을 알려고 하며 살았고 그곳에 관심을 가지다보니 당구풍월(堂狗風月)이라고, 서당 개도 글 읽는 소리를 듣고 살다 보니 짖는 소리가 풍월을 닮아가기 마련이듯이, 이제는 더 듣지 않아도 회담도 하고 오고가면 무슨 일이 생길지 알 수 있다.

이런 작은 것이 모이면 민심(民心)이라는 것으로 커지고 이런 민심이 전 국민 그리고 전 동포가 원하는 정치나 경제발전을 성공시킬 수 있다면 그것은 성공한 정책으로 환영 받을 일이다.

최소한 나라를 보전하고 경제를 살려서 다 잘사는 그런 정치를 하는 지도자를 우리는 원한다. 대중의 목소리가 민심이다. 소수 권력자의 입에 발린 달변은 민심이 아닌 것을 우리는 알고 있다. 이제는 주기보다는 주고받기식의 그런 교류가 아쉬울 때인 것 같다.

미 상원의원 맥스 보커스, 그는 쇠고기 협상을 유리하게 이끌려고 스테이크 조각을 맛있는 표정으로 먹으며 서투른 우리말로 "마시슴니다!" 하는 그의 말이 정말 맛있어서 하는가, 아니면 쇠고기를 많이 팔아달라며 한국인에게 던지는 추파일까.

쇠고기 판매가 얼마나 절박했으면…. 그 콧대 높은 상원의원의 난센스를 우리 국회의원들도 배워야 하는데 우리 의원님들 국회의사당 의장석을 점령·저지하고 거리로 나와 대모군중에 휩쓸리고 단식투쟁을 한다고 해서 해결된 것이 무엇인지 묻고 싶다.

'우리 것이 더 좋은 것이다'라고 할 때가 올 때까지 기다리고 살아라 한다면 또 속이려는 수작일 것 같다. 퍼주기식이 미사일 시험으로 이어지고 한미FTA도 국회통과를 거쳐야 하고, 사학법 내신 내란(內亂)까지 끼어들고 차기 대권주자들은 대운하, 부동산 투기하는 정책싸움질이고 여·야 모두 당심(黨心)이 당심(黨深)이라고 하니, 그 깊이를 어찌 알겠는가.

아무리 공직자 재산을 공개하고 자진신고를 한다고 하고도 누락된 것인지 숨겨둔 것인지 몇 십억 뭉칫돈이 들통 나고, 세금을 누락시키고 부동산 취득을 위해 위장전출도 하고, 가족이나 측근에게 서류상 양도 혹은 위장판매 등 수법도 다양하다. 어느 것이 진짜고 가짠지 검찰수사에서도 밝혀내기 어려울 것 같은 사실인지 모함인지 알 수 없는 혼돈 속에서 살다보니 참으로 혼란스럽다. 다들 자기만이 청렴결백하다 외쳐대니 차기 주자는 누구를 찍어야 할지 민심을 헛갈리게 하지 말았으면 한다.

이런 헛갈림이 많을 때는 천자문 속으로 들어가 마음으로 세상을 보자. 어느 쪽이 보배이며 어느 것이 중요한가를 알아보자.

029	愛育黎首				030	臣伏戎羌			
	사랑 애	기를 육	검을 려	머리 수		신하 신	엎드릴 복	오랑캐 융	종족 강
	애 육 려 수					신 복 융 강			

사랑으로 백성을 기르며 신하되어 엎드리니 오랑캐와 강족들이다. 백성을 사랑하고 양육함을 말하며 이와 같이 나라를 다스리면 그 덕이 융(戎)과 강(羌)도 항복한다.

백성들을 아껴 다스리면 사방의 오랑캐들이 신하가 되어 복종한다. 여수(黎首)는 검은머리라는 뜻이다. 들에 나가 일하는 살갗이 까맣게 그을린 백성을 상징하는 말이다. 중국은 소수 귀족을 제외하고는 일반 백성은 농부와 노예의 신분뿐이다.

춘추전국시대 제후들의 부국강병책은 오직 백성들을 착취하여 농업생산과 전쟁터에 동원할 수밖에 없었다. 살아남는 유일한 방법은 강한 제후들이 이끄는 승리만이 살 길이었으리라.

제후들은 백성을 단지 농업생산과 정복을 위해 필요한 도구 정도로밖에 여기지 않았다는 생각이 든다.

□ 중국의 역사

중국의 역사를 '방대(尨大)하다' 하면 중국을 두둔하는 말로 사대주의의 잔재라 할지 모르지만, 사실을 알아야 나의 모름을 고칠 수 있는 것이다. 인정할 것은 인정하자!

나의 자존심 때문에 나를 고집하다 보면 영영 나를 잃고 만다. 지금 아무도 알려고 하지 않는 천자문을 고리타분하게 논해본들 그것이 나에게 그리고 우리에게 무슨 소용이 있겠는가 한다면 점점 모르는 과거가 될 뿐이다. 나 혼자라도 과거 우리는 이렇게 살았으며 이렇게 살지 않아도 될 수 있을 때까지 그들의 역사를 알아야 한다. 말로만 지껄이는 유식한 말인 고사성어도 아니요 유창한 영어도 아니다. 확실히 알고 말할 수 있는 한마디 말, 그것이 진실한 앎이요, 지식이요, 학식이다.

그러기에 내가 살아오면서 무의식 속에서 사용한 말들의 어원을 찾아보니 그 뿌리가 중국이라 우선 중국의 역사를 더듬어 볼 수밖에 없다. 남의 역사를 왈가왈부할 수는 없지만 기록이나 역사책에서 배운 대로, 알고 있는 대로 적어보아야 천자문을 이해할 것 같아 아는 대로 적자.

반고(盤古), 처음 시작된 중국신화는 거인건국신화이다.

바탕이 거인(巨人)인지, 거인(擧人)인지 모르지만 그는 죽고 삼황오제가 탄생하여 중국의 시조(始祖)라 믿는 한(漢) 오제(五帝, 황제, 전욱, 제곡, 요, 순 시대)로 이어져 덕 있는 사람에게 선양(宣揚)하였다고 하는 태평성대(太平聖代)를 일컫는 표현으로 등장하는 것으로 역사가 시작된다.

하(夏), B·C 21세기경 중국 최초의 노예적 국가이며 하남성에 있는 유적지에서 발견된 유물로 마지막 임금 걸왕의 애첩에 얽힌 주지육림(酒池肉林)의 고사성어를 탄생시켰다.

상(商), 물증으로 입증된 최초의 왕도 갑골문자(甲骨文字) 발견으로 군대와 관료제도 그리고 형벌제도를 만들었다. 수도를 은으로 옮겨 '은'이라 부르기도 한다.

이때 '걸주(하나라 걸왕과 은나라 주왕)'라는 말은 나라를 망친 폭군의 대명사로 주왕의 애첩인 달기에 얽힌 형벌은 지금도 잔인한 형벌로 쓰인다.

주(周), 노예주 계급의 통치 질서를 공고히 하기 위하여 봉건제도(封建制度)를 시행하였으며, 완비된 노예제 국가로 정점을 이룬 시대다. 춘추전국시대를 동주(東周)·서주(西周)라 부르기도 한다.

주나라의 기틀을 잡은 사람으로 강태공이 등장한다. 우리가 흔히 말하는 세월을 낚는 낚시꾼이 바로 이때 이야기다.

복수난수(覆水難收), 엎질러진 물을 쓸어 담을 수 없다는 말과 복수불반분(覆水不返盆)이라는 말을 강태공이 아내에게 한 고사성어라 한다.

춘추(春秋), 지주계급이 노예주 계급을 대치하여 봉건사회가 시작되었다. 춘추오패, 많은 제후들이 대권을 다투어 재(齋)나라 환공을 선두로 송(宋)나라 양공, 진(晉)나라 문공, 진(秦)나라 목공, 초(楚)나라 장왕이 차례로 패자(覇者) 지위에 올랐는데 이를 오패(五覇)라 한다. 이때 제자백가에 의한 인간중심의 합리적인 사상이 출현한 시기이다. 이런 중국의 상고(上古)때 공자의 유가사상이 큰 영향을 끼쳤다.

전국(戰國), 전국 칠웅(七雄)은 제(齊), 초(楚), 연(燕), 한(漢), 조(曺), 위(魏), 진(秦) 등 일곱 제후가 국가를 이루었다.

중국 역사상 창의력이 가장 왕성하게 실천된 시기가 이때로 관포지교(管鮑之交)와 와신상담(臥薪嘗膽) 등 많은 고사성어를 남긴 이 시대를 열국(列國)이라 한다.

진(秦), 진시황이 중국 최초의 통일국가를 세웠다. 분봉제도를 패지하고 군현제를 실시하여 아방궁(阿房宮)이나 만리장성 등을 구축, 춘추전국시대의 백가쟁명(百家爭鳴) 사상을 배척, 분서갱유(焚書坑儒)를 실시하여 개국 15년 만에 진나라가 망하였다. 유방의 한(漢)과 항우의 초(楚)가 패권을 다툰 장기판과 같은 사면초가(四面楚歌), 역발산(力拔山)이나 기호지세(騎虎

之勢)라는 말이 생겨났다. '패왕별희'는 초 패왕인 항우가 그의 애첩인 우희와 이별하는 것을 그린 경극이다.

중국의 대표 예술로 불려지는 것이 경극인데 중국식 오페라인 춤과 노래를 곁들인 기교가 있는 동작이다. 서로 싸우는 무술장면을 그린 경극을 중국 여행길에 본 적이 있지만 광활하고 복잡한 역사의 얽힘을 단 몇 쪽으로 정리하려니, 빠지고 건너뛰어 들쑥날쑥 하는 것 같다.

한(漢), 진 왕조가 멸한 후 초·한 전에서 승리를 거둔 유방은 새로운 왕조 서한(西漢), 전한(前漢)을 건국, 서한의 무제는 중국의 전통사상인 유가사상의 사상적 통일을 이루었으며 장건을 사신으로 파견하여 서역과 교역하여 비단길을 개척했고, 흉노 월남에 군사원정도 했으며, 우리나라 고조선 때 자주 침공도 한 것이 이때라는 기록도 있다.

광무제는 새로운 왕조 동한(후한)을 건국하여 가장 수명이 긴 왕조였으나 한 말기 황건군의 무장세력에 대 혼전을 일으켜 위·촉·오의 삼국시대가 시작된다.

삼국(三國), 위·촉·오 삼국 간의 전쟁은 위가 촉을 멸망시키고, 사마염(司馬炎)에게 황제를 이양, 서진(西晉)을 건국하고 강남에 있는 오를 멸망시키어 통일한다. 이때 '적벽대전' 초·오의 연합군이 조조의 100만 대군을 물리친다.

이때 삼고초려(三顧草廬)는 제갈량을 고문으로 모시기 위해 유비가 세 번씩이나 제갈량의 초가집을 찾아가 만난 일이며, 읍참

마속(泣斬馬謖)은 군기를 세우기 위하여 눈물을 머금고 결심한 제갈량의 마음이며, 백미(白眉)는 흰 눈썹이라는 뜻으로 여럿 가운데에서 가장 능력 있는 사람이나 훌륭한 물건을 비유적으로 이르는 말이다. 이러한 고사성어가 생긴 배경의 시대로, 지금도 정치인들이 심심찮게 사용하는 말이 되었으나 그 배경을 알아야 고사성어를 이해하게 된다.

남북조(南北朝), 서진(西晉)이 멸하고 사마예(司馬睿)는 남경에 도읍을 정하고 동진(東晋)을 건국하였으며 남조에 속하는 송, 북쪽의 북위, 동위, 서위, 북제 등 다섯 개 정권과 남쪽 한족 국가인 송, 제, 양, 진 등 네 개의 정권이 병존(竝存)하여 이를 남북조 시대라 부른다.

수(隨), 북쪽의 외척이었던 양견(수 문제)이 정권을 탈취하여 수나라를 건국하고 강남을 공격하여 남북통일을 이루었다.

두 번째 왕인 수 양제가 고구려를 치다 죽자 37년 만에 멸하는 단명의 왕조가 되었다. 수 양제를 물리친 고구려 장수는 을지문덕 장군이다. 이때 군량미를 운반하기 위하여 만들어진 중국의 대운하는 수로운하이고, 지금 우리나라에서도 운하가 논란이 되고 있다.

당(唐), 중국 역사상 가장 번창한 왕조이다. 외국문화를 폭 넓게 수용하여 번장제도(番將制度)라는 말이 생겨날 정도로 외국의 장수도 능력에 따라 등용한 나라이다.

당 태종 그리고 현종, 이들의 융기(隆起)의 정치시기로 당 왕조의 최고조 시기였다. 그러나 양귀비에게 빠져서 정사를 돌보지 않아 '안산의 난'으로 멸망한다. 이런 당나라가 우리 고구려를 무려 여덟 차례나 공격하여 결국 망하게 되었다.

오대십국(五大十國), 당이 멸한 후 후양, 후당, 후진, 후한, 후주 등 다섯 왕조가 교체하고, 그 밖의 지방 십여 국이 활거, 흥하기도 망하기도 하니 이를 오대십국이라 한다.

송(宋), 오대십국의 극심한 혼란 속에 후주의 조광윤, 송 태조에 의하여 송을 건국한다. 송은 중국역사상 대표적인 군사적 약체국가이다. 중국의 북부와 서부의 유목민이 강성하여 요, 금, 서하를 수립하여 송을 괴롭혔다.

금이 멸한 후 송은 항주로 수도를 옮겨 남송을 건국하였고 남송은 무역이 활발하여 중국역사상 부유한 시기로 기록되며 산업이 발달한 시기이며 우리에게 널리 알려진 포청천의 배경도 이 시기라 한다.

원(元), 북방에서 금에 이어 몽골족은 군사력이 매우 강했으며 칭기즈칸의 손자 쿠빌라는 남송을 소멸시키고 중국 최초의 통일 정복왕조인 원을 건국했다. 세계 역사상 가장 큰 제국으로 동 유럽까지 침공하였고 우리 고려도 그 힘에 못 이겨 속국의 수모를 겪게 한 제국이다.

명(明), 초대 황제는 태조 주원장(朱元璋)이다. 홍건(紅巾)군에 발탁되어 군대를 확대하여 중원을 정벌하고 황제에 올라 대명이라 하였다.

명의 대군은 원의 수도인 지금의 북경을 점령하여 원을 멸하고 전국을 평정하여 법을 엄격히 적용, 위반하는 관리는 잔혹한 형벌을 가했다. 일반적인 참수 이외에 족주(族誅, 가문을 몰살), 추장(抽腸, 창자를 꺼냄), 박피(剝皮, 껍질을 벗기기), 알슬개(挖膝蓋, 무릎을 후벼 파기), 잡사(砸死, 압사시킴) 등이 있다.

청(淸), 태조 강희제, 건륭제는 만주족으로 청국을 통일하여 정복왕조를 세워 260년 간 통치했으나 한족 신하의 압력에 굴하여 스스로 해체되어 청이 멸망하고 근대사에 이르고, 봉건사회에서 반식민지 반봉건사회로 전락되어 마르크스 유물사상을 따른다.

현재 자본사회로 변천하며 중국대국으로 가려는 웅크림에서 기지개를 펴고 있다는 것이 내가 아는 중국이며, 중국의 역사를 알아야 우리 생활 속에 깊이 들어와 있는 고사성어를 알 수 있어 나열해 보았다.

031	遐 邇 壹 體				032	率 賓 歸 王			
	멀 하	가까울 이	한 일	몸 체		거느릴 솔	쫓을 빈	돌아갈 귀	임금 왕
	하 이 일 체					솔 빈 귀 왕			

멀고 가까운 데가 한 몸이 되어 거느리고 좇아서 임금에게 돌아간다. 멀고 가까운 나라가 전부 그 덕망에 귀순하게 하여 하나가 되어 복종하여 왕에게 돌아오니 사람마다 감복하여 복종

한다. 우리에게는 이런 왕이 아쉬울 때이다. 나라를 통치하고 국가를 대표하는 대통령도 덕으로 이끌고 다스리면 국민이 복종하여 자연히 그 덕이 대통령에게로 돌아간다는 말이니, 예나 지금이나 나라를 통치함에 있어 국민의 소리에 귀 기울여야 한다. 국민 모두가 하나 되어 복종하고 따를 수 있는 왕을 기다린다.

고대 중국의 '분봉(分封) 제후제'란 주나라가 다스리는 영토를 각지의 제후들에게 나누어 주어 다스리게 하는 제도였는데 분봉 받은 영토와 인구에 대한 지배권은 주나라 천자가 아닌 각지의 제후들이 행사했다. 천하와 백성은 명목상 천자의 소유지만 하나의 독립된 제후들의 국가로 제후들에 의하여 다스려졌지만 지배와 복종관계는 엄격하여 천자에게 조공(租貢)과 알현(謁見) 등을 통해 유지되어 왔다.

신농(神農) 황제(皇帝)를 뜻하는 신농씨는 농사짓는 기술로 경작방법을 창조한 농업의 신이다. 이런 내용들을 총망라한 서적이 신화전설 속 제왕들인 삼황오제가 직접 만든 책인지는 알 수 없지만 권위가 있는 책이라는 것을 강조하기 위해 후대 누군가가 만든 것 같다.

<table>
<tr><td rowspan="3">0
3
3</td><td colspan="4">鳴 鳳 在 樹</td><td rowspan="3">0
3
4</td><td colspan="4">白 駒 食 場</td></tr>
<tr><td>울
명</td><td>봉황새
봉</td><td>있을
재</td><td>나무
수</td><td>흰
백</td><td>망아지
구</td><td>먹을
식</td><td>마당
장</td></tr>
<tr><td colspan="4">명 봉 재 수</td><td colspan="4">백 구 식 장</td></tr>
</table>

우는 봉황은 나무에 있고 흰 망아지는 마당에서 먹는다. 중국 속담에 성현이 나타날 때는 봉황도 같이 나타나 나무 위에서 운

다고 한다. 평화의 상징인 흰 망아지도 감화되어 마당에서 풀을 먹고 있다.

봉황은 대통령을 말하며 흰 망아지는 국민을 뜻하는 글로서 '나라를 잘 다스리면 국민은 평화롭게 산다'라고 해석할 수 있다.

우리나라 대통령의 휘장(揮帳)은 봉황문이다. 무궁화를 감싸고 있는 봉황새 두 마리가 있다. 청와대 주인은 5년마다 바뀌어도 무궁화같이 영원하길 바라며 국민은 국민들을 사랑하는 청와대 주인을 원한다.

035	化	被	草	木	036	賴	及	萬	方
	될 화	미칠 피	풀 초	나무 목		힘입을 뢰	미칠 급	일만 만	모 방
	화	피	초	목		뢰	급	만	방

덕화(德化)는 초목에까지 미치고 힘입음은 만방에 미친다. 만방은 극히 넓으나 어진 덕이 골고루 미치게 된다는 말이다. 피(被)는 이불 혹은 잠옷이지만 '미치다'라고 해석하면 될 것 같다. 덕화는 어진 행위로 '모양이 바뀐다'라고 풀이했다.

고사는 우리가 이해하기 어려운 해석을 하니 부끄럽지만 여기 나오는 하나 하나 글자들은 우리 일상생활에서 많이 사용하는 실용한자들이니 음이라도 알아두면 많은 도움이 될 것 같아 나름대로 어색한 해석을 하지만 기원전의 글을 해석한다는 자체가 모순일 수 있다. 알려고 하는 욕심으로 많은 사설도 붙여가며 알기 쉽게 설명하지만 옛 중국의 역사 내용을 쉽게 이해하기는 참으로 어려운 일이다.

□ 희망(希望)을 갖자

희망은 바람이다. 득도하여 행함을 얻은 사람도 희망을 가진 사람은 제도할 수 있으나, 희망이 없는 사람은 아무리 좋은 말을 하여도 제도할 수 없다는 글은 불교서적에서 읽은 내용이다.

남의 말을 귀담아 들으려 하지 않는 사람과의 대화는 결과가 뻔하다. 알고 있으면서도 외면하는 사람, 아예 들으려고도 하지 않는 절벽형이 있는가 하면, 다 듣고도 아예 못 들은 척 딴전을 피우는 사람도 있다. 그런가 하면 이야기를 끝까지 다 듣고도 정말 못 알아들어 안타까워하는 사람도 있다.

그뿐이 아니다. 서두만 말해도 결론이 무엇인지 아는 약삭빠른 사람도 있지만 문제는 아예 들으려고도 하지 않는 무심한 사람을 대하면 정말 불쾌하다. 나는 이런 사람과는 두 번 다시 상대하지 않는다. 상대해 봤자 결과는 똑같이 실망만 남게 된다.

그래도 잘해보려고 접근했는데 첫마디부터 거부당하게 되면 자신이 초라한 존재임을 통감하게 된다.

아무리 그럴 리가 하고 반문도 할 수 있지만 사람 사이에는 천태만상의 생각지도 않은 일들이 벌어지니 다툼도 있고 침묵도 있다. 아예 싹둑 잘라 버리고 무시해 버리니 대화는커녕 다툼보다 더한 주먹질이 오갈 수도 있는 험한 상황으로 변할 수도 있게 된다.

희망이 없는 타협은 이룰 수 없지만 그래도 희망은 바람이니, 바라지는 않아도 또 부탁드리고 사는 것이 인생사이기에 인(仁), 의(義), 예(禮), 지(智)의 뜻을 생각하며 바르게 살려고 노력해보자.

037	蓋 此 身 髮				038	四 大 五 常			
	대개 개	이 차	몸 신	터럭 발		넉 사	큰 대	다섯 오	항상 상
	개 차 신 발					사 대 오 상			

대체로 이 몸과 터럭은 사대(천, 지, 군, 부), 오상(인, 의, 예, 지, 신)이다. 해석해 봐도 얼른 감을 잡을 수 없다.

내 몸에 난 터럭(머리카락)같이 사람마다 없는 이가 없고 사대오상(四大五常) 즉, 네 가지 큰 것과 다섯 가지 떳떳함이 있으니 사대는 천지(天地) 군부(君父)이다.

네 가지 큰 것과 다섯 가지 당당함, 우리가 흔히 말하는 하늘과 땅 그리고 군부를 윗사람과 부모로 해석한다면, 다음 오상은 어질고 의리 있고 예의 바르고 앎과 믿음이 사람마다 몸에 터럭이 있는 것과 같이 다 가지고 있다는 뜻이다.

그러니 사람마다 다들 당당하고 떳떳하게 살아갈 자유와 권리를 가지고 사는 오늘의 민주주의를 대변하는 글인 것 같다.

<table>
<tr><td rowspan="3">0
3
9</td><td colspan="4">恭 惟 鞠 養</td><td rowspan="3">0
4
0</td><td colspan="4">豈 敢 毁 傷</td></tr>
<tr><td>받들
공</td><td>생각할
유</td><td>기틀
국</td><td>기를
양</td><td>어찌
기</td><td>감히
감</td><td>헐
훼</td><td>상할
상</td></tr>
<tr><td colspan="4">공 유 국 양</td><td colspan="4">기 감 훼 상</td></tr>
</table>

길러주신 것을 받들어 생각하니 어찌 감히 헐고 상하게 할 수 있겠는가. 국양함은 정성을 다하여 기름이니, 공손히 함은 사람의 몸은 부모의 기르신 은혜이기 때문이다.

그러니 부모가 길러주신 이 몸을 어찌 더럽히고 상하게 할 수 있는가.

신체발부수지부모(*身體髮膚受之父母*), 몸의 피부, 머리칼 하나라도 부모가 주신 것이니 소중히 여기고 부모를 공경하고 은혜에 보답하라는 말이다.

□ 완벽(完璧)한 삶

우리는 흠잡을 데 없이 완전하게 살기를 원한다. 하지만 말로는 그렇게 하지만 몸 따로 마음 따로 행동하고 사는 것 같으니 내 마음 나도 모르고 사는 것이 인간인 것 같다.

'완벽'이라는 성어(成語) 내용은 중국 전국시대 조(趙)나라 명신 인상여가 진(秦)나라의 압력과 회유에도 불구하고 진귀한 보물 화씨벽(和氏璧)을 되찾아온다는 고사에서 유래된 말로 소개한 바 있는 내용이지만 물경지교(刎頸之交)는 목숨을 내놓고 화씨벽을 찾아왔다는 사기(史記)에 나오는 말이다.

와신상담(臥薪嘗膽)은 섶에 누워 자고 쓰디쓴 곰쓸개를 핥는다. 오월동주(吳越同舟)는 원수지간이라도 목적이 있으면 고생도 참고 뜻을 같이해야 하고 뜻을 이룬 뒤에는 토사구팽처럼 가차 없이 버려진다는 내용들이 사기에 담겨있어 이를 고사성어라 한다.

사마천(司馬遷)의 자는 장자(長子)이다. 중국 전한 무제 때의 역사가이며 사기(史記)를 지은 사람이다. 사기는 중국 주변 민족의 역사를 포괄(包括)하여 저술한 역사책이다. 저술의 동기는 가문의 전통 사관의 소명과 의식에 따라 인간과 하늘 땅의 관계, 고금의 변화를 설명한 기본 12편이고, 세가(世家) 역대제도, 전기열전 등 130편으로 구성되어 있다.

이런 역사적 사서를 더듬어보고 그 시대에 등장한 인물이나 고사성어를 이해하려면 그 배경을 조금은 알아야 완벽하지는 못해도 어느 정도 그 시대를 풍자한 성어들의 뜻을 알고 사용해야 옳은 표현이지, 내용이 좋다고 함부로 쓰다가 웃음거리가 될 수도 있다.

'웃음거리'라고 하면 이상하다 여기겠지만 웃음도 가지가지이다. 미소(媚笑)는 아첨하고 아양 부리는 웃음이나 미소(微笑)는 작고 잔잔하지만 무엇이 숨겨져 있는 야릇한 웃음이 있다. 웃음은 찡그리는 것보다는 낫지만 찡그림도 보기에 따라 다르고 웃음도 느끼기에 따라 다른 것이 사실이니 웃음의 의미도 가려내기 어렵다.

서시유소추(西施有所醜), 월나라 서시같이 이름난 미인도 추한 구석이 있다. 현명한 사람이라도 과실이 있을 수밖에 없다는 의미로 쓰이기도 한다. 또 서시빈목(西施矉目)이란 서시가 눈을 찌푸리는 것을 보고 아름답다고 생각한 못생긴 여자가 그 흉내를 내니 더욱 보기 싫게 보인다는 고사성어이다. 분수를 생각지 않고 남이 한다고 따라하면 빈축을 사게 된다.

고사는 딱딱하게 설명하면 점점 어려워져 흥미를 잃게 된다. 잠시 고사에 나오는 춘추전국시대 전후에 등장하는 4대 미녀들을 알아보자.

서시(西施), 그녀는 천민으로 태어났다. 월왕 구천(句踐)은 회계(澮稽)의 치욕을 씻으려고 서시와 정단(鄭旦)에게 기예(技藝)를 가르쳐 오왕 부차(夫差)에게 바쳤다.

오왕은 서시의 미모(美貌)에 사로잡혀 정사를 게을리 하다 나라를 망치니 오나라 사람들이 분노하여 서시를 강물에 던져 죽였다고 한다. 특히 서시의 미모가 어찌나 빼어났는지 물에서 노니는 금붕어를 들여다보던 서시의 미모에 금붕어들이 놀라서 물속으로 숨었다 하여 심어(沈魚)라 부를 정도이고 보면, 과히 그 미모를 짐작할 수 있다.

초선(貂嬋), 단비 족제비같이 고운 미모라는 이름과 같이 하늘에 달도 그를 보고 부끄러워 구름 속으로 숨어 버렸다 하여 폐월(閉月)이라 했다. 초선은 한나라 대신 왕윤의 양녀로 용모가 명월 같고 노래와 춤에 능했다. 초선이 어느 날 화원에서 달구경을 하고 있을 때 한조각의 구름이 달을 가렸다.

이를 본 왕윤은 "달도 내 딸에게 비할 수가 없구나, 달이 부끄러워하여 구름 사이로 숨다니"라고 했다 한다. 그 초선이 왕윤의 뜻에 따라 동탁과 여포를 이간질시켜 동탁을 죽게 만든 장본인이다.

왕소군(王昭軍), 역시 미모를 가진 궁녀로서 수년 동안 궁중에 있었으나 황제의 눈에 띄지 않았다. 당시 풍속으로는 화공이 궁녀들의 초상화를 그려 황제에게 보여 선택하게끔 되어 있어서 궁녀들은 화공에게 초상화를 잘 그려달라고 뇌물을 바쳤으나 왕소군은 미모에 자신이 있어서 뇌물을 바치지 않았다. 그러니 초상화가 추하게 그려져서 왕의 눈에 띄지 못했다.

그러던 어느 날 흉노의 세력이 커져서 그들과 화친하기 위하여 궁녀를 시집보내게 되었는데 왕소군이 발탁되었다. 시집가는 날 황제에게 하직 인사를 올리려고 간 왕소군을 보고 황제는 깜작 놀랐다. 이렇게 아름다운 여인이 곁에 있는 것을 몰랐다니 후회했지만 이미 때는 늦었다. 화가 난 황제는 왕소군을 숨긴 화공을 처형했다는 이야기이다.

양귀비(楊貴妃)는 너무 잘 아는 이야기이다. 현종의 아들 비(妃)로 다음에 현종의 사랑스런 애첩이 된 야릇한 이야기이다. 경국지색(傾國之色)이라는 말대로 나라를 기울게 할 만큼 뛰어난 미색이 많이 등장하는데, 한나라 말희, 은나라 달기, 주나라 포사, 정나라 하희, 그리고 요즘 드라마에 자주 등장하는 당나라 측천무후이다.

그녀는 육조 백관의 남자들을 호령하지만 그 역시 기생시인이었다는 설도 있으며, 속병이 있어 얼굴을 찡그린 서시의 모습이 아름다워 온 나라 여성들이 찡그리는 것이 유행이 되고 서시 몸에는 향기가 난다고 하여 그가 목욕한 물을 향수로 썼다고 한다.

이렇듯 중국의 역사를 보면, 결정적인 순간마다 꼭 여인이 등장하니 경국지색이 맞는 말인 것 같으나 완벽한 삶이란 있을 수 없는 것인지 궁금하다.

041	女	慕	貞	烈	042	男	效	才	良
	여자 여	사모할 모	곧을 정	굳셀 렬		사내 남	본받을 효	재주 재	어질 량
	여	모	정	열		남	효	재	량

여인은 곧고 굳셈을 사랑하고 사내는 재주 있고 어진 이를 본받는다. 여인은 정열적이고 굳세 남자를 사모하는 법이다. 그러니 여성에게 잘 보이려면 재능을 닦고 어질고 강함을 본받아야 한다. 지금은 남녀평등의 세상에서 살지만 평등이라는 것을 남용해서는 안 된다. 평등도 똑같이 한다는 것이 아니라 각자 주어진 일에 충실해야 한다. 남자나 여자가 할 일을 남녀평등이니 너도 해라 한다면 평등을 주장하는 것이 아니고 억지인 것이다.

남자만이 할 수 있는 일, 여성만이 할 수 있는 일, 그리고 누구나 할 수 있는 일이 있으니 힘이 드는 일은 남자가, 섬세한 일은 여자가 한다면 이는 평등을 알고 누릴 수 있는 사람일 것 같다.

<table>
<tr><td rowspan="3">043</td><td colspan="4">知 過 必 改</td><td rowspan="3">044</td><td colspan="4">得 能 莫 忘</td></tr>
<tr><td>알
지</td><td>지나칠
과</td><td>반드시
필</td><td>고칠
개</td><td>얻을
득</td><td>능할
능</td><td>말
막</td><td>잊을
망</td></tr>
<tr><td colspan="4">지 과 필 개</td><td colspan="4">득 능 막 망</td></tr>
</table>

허물을 알았으면 반드시 고치고 능함을 얻거든 잊지 말라. 사람으로서 알아야할 것을 배우고 익히면 잊지 말고 실천하도록 노력하라는 말이다.

'이 세상 모두가 스승이다'라는 말이 있다. 남의 잘함을 보고 그를 본받고, 남의 잘못을 보고 내 약점이나 그릇된 행동을 하지 말아야 한다는 가르침으로 수도 없이 듣고 말하기도 하면서도 알고 행하지 못하니 자중하자.

□ 둔갑술(遁甲術)

거북이 등가죽이나 조개의 껍데기 같은 두꺼운 것을 뒤집어 쓰고 술수나 수단을 가리지 않고 첫 번째의 본모습을 숨기고 피하여 전혀 다른 모습을 나타내는 것이라 한다면, 그 술수가 아주 고단수일 것 같다.

이런 둔갑술이 옛날이야기에서 나오는 구미호 같은 여우의 그런 둔갑술이 아니라 가짜가 진짜로 둔갑을 하는 세상이니 둔갑술의 의미도 옛날과는 판이하게 달라지고 있다. 오늘의 신문 정치·사회·경제·문화 등 모든 면에서 이맛살을 찌푸리게 하는 것이 이 둔갑술이다.

일부 공기업인지 지자체인지는 몰라도 해외연수로 많은 지식과 문명을 시찰하여 체험하고 화합·교환하려는 연수 또는 연구 행렬이 늘어나고 있다.

배우려고 알리려고 앞 다투어 떠나고 있다면 이들이 쓰는 돈은 공금(公金)으로 사용함이 당연하다. 그러나 관광이나 위로 차원에서 보내지는 허울뿐인 연수나 탐방이라면 공금을 공(空)돈으로 착각하는 행위는 지탄의 대상이 되고도 남는다.

꼭 해외로, 그것도 내로라하는 유원지의 일류라는 곳에 가야만 연수를 할 수 있는가. 좋은 환경에서 좋은 제도나 기술을 배우러 갔는데 연수는 뒷전이고 관광이 전부라면 이 또한 연수가 둔갑하여 공금을 공으로 날려버린 것이다.

우리가 IMF로 곤욕을 치르고도 외화의 소중함을 잃어버렸다면 희망이 없다는 것을 알아야 한다.

이제는 나가서 배우는 것보다 끌어들여 가르치고 관광도 시키는 그런 때가 된 것도 같은데, 우리 것도 다 알지 못하면서 남의 잘못된 것을 배우려고 하는가.

우리는 밑지는 장사를 많이 하고 살아온 것 같다. 해방 그리고 동란 속에서 경제적인 부흥을 위하여 선진국의 도움도 받았다. 그리고 이제는 다 갚았으니 동등한 입장에서 누구와도 맞서야한다. 이제는 찾아와 배워갈 수 있는 나라가 되었는데도 왜들 나가지 못해 안달인가.

해마다 여행적자가 누적되어 간다. 지금 이 시각에도 한미 FTA로 적지 않은 격돌을 치르고 있다. 쇠고기, 쌀, 자동차, 전자제품, 면직물, 의약품 등 어느 것 하나 소홀히 해서도 안 된다는 것을 다 알고 있다. 양보하는 것은 큰 것을 얻기 위함이다. 그 얻음을 위해서 안간힘을 다하는데 배울 것도 없이 낭비만 하는 여행이나 연수는 자제하자.

비싼 가격으로 전자제품이나 자동차를 팔고 값싸고 질 좋은 쇠고기도 먹고 싶다. 그러나 그 쇠고기가 한우로 둔갑을 하니 우리의 쇠고기가 아무리 비싸더라도 먹고 싶어도 구분할 수가 없다. 그러니 그저 "수입고기 주세요"라고 하니 점점 수입고기의 수요가 늘 것 같다. 차라리 먹지 않으면 그것이 한우를 기르는 사람들에게는 도움이 될 것 같은 착각도 해보지만 정답도 아닌 억지일 뿐이다.

예전에 우리는 소를 기르는 목적이 농사를 짓기 위해서 소의 노동력을 얻으려고 농우(農牛)로 길렀다. 이제는 농사를 짓는 것도 기계화가 되었으니 농우가 아니라 쇠고기를 먹기 위하여 기르고 있다. 그러니 농사일을 하는 소가 아니라 먹기 위해서 기르고, 그러기에 '농우'를 '소'라 했고, 소의 고기를 '쇠고기'라 했다.

미국은 소를 'Cow'라 하여 암소・젖소로 우유를 얻기 위한 소를 '축우(畜牛)'라 부르고, 고기를 먹기 위한 소를 'Beef'라 하여 '육우(肉牛)'로 구분하여 부른다.

소를 기르는 목적이 노동력을 얻기도 하고 우유나 고기를 먹기 위하여 사육되는데 우리는 수컷을 '황소'라 부르고 미국에서는 'bull'이라 하는데 '강세(强勢)'를 의미하여 증권시세가 강세를 보일 때 사용하는 용어로 쓰기도 한다.

지금 이런 고기를 많이 팔아달라고 아우성이다. 동물애호가들도 이런 귀한 쇠고기는 즐겨먹으면서도 애완용으로 기르는 강아지를 애지중지하며 개고기를 먹는 것은 야만인이라고 한다. 그러나 그것을 먹는 사람도 할 말이 있을 것 같다.

혐오식품이라는 말이 있다. 사람은 체질이 다르므로 자기 몸에 맞는 식품이 있고 꺼리는 식품이 있다. 아프리카 오지탐험의 영화를 보면 혐오스런 동・식물, 그리고 타 부족들을 사냥하는 것을 보고 경악을 금치 못한 적이 많다.

왜들 이렇게 잔인해야 하는가. 꼭 그것을 먹어야 하는가. 먹을 것이 그것뿐이라면 살기 위해서는 할 수 없는 일이지만 우리는 그렇게 절망적이지도 않은데 단지 몸에 좋다는 이유로 동·식물들이 수난을 겪고 있는 것 같다. 혐오스럽고 지나치게 기름진 육류는 성인병을 유발시킨다고 하니 몸에 좋다고 남용하지 말자.

우리가 과거에 기르던 소는 가족과 같이 친근하고 농촌살림을 부유하게 해준 고마운 동물이다. 그 동물도 생을 마치면 가죽을 남기어 신발도 만들고 고깃덩어리는 우리의 식탁에 오른다. 그렇게 귀하던 쇠고기가 우르르 밀려들게 되니 우리의 귀한 소가 가치를 잃고 말았다.

우리나라는 석유 등의 원자재가 부족하여 필요할 경우 아무리 비싸도 사야 한다. 그러나 쇠고기 같은 것은 먹지 않으면 사들이지 않을 것 같으나 그 또한 내 생각일 뿐이다.

우리는 이런 허물도 있고 장점도 단점도 지니고 있다. 그러니 말로만 애국·애족하는 것처럼 단점은 덮어두고 조금 잘한 것이 있다 생각하면 그것만 내세워 모든 일이 자기만 옳다고 큰소리 치지 말았으면 한다.

045	罔	談	彼	短	046	靡	恃	己	長
	말 망	말씀 담	저 피	짧을 단		말 미	믿을 시	자기 기	길 장
	망	담	피	단		미	시	기	장

남의 단점을 말하지 말고 자기 장점을 믿지 마라. 나의 잘남

과 장기(長技)만을 앞세우고 자랑하지 말라는 말이다. 내가 아는 것만큼 남도 알고 있다. 기는 자 위에 뛰는 자가 있고 뛰는 자 위에 나는 자도 있는 것이다.

뛰는 놈은 언젠가는 날 수도 있으며 나는 놈도 길 수밖에 없을 때가 오기도 할 것 같은 세상이지만 그래도 알려고 노력한다면 언젠가는 앎에 도달할 수 있게 된다.

우달모지재(愚達謀智才)라는 말이 있다. 재주가 있는 사람(才)도 전문적으로 배운 사람(智)에게는 당할 수 없고 전문적으로 배운 사람도 일을 꾸미는 전략가(謀)에게는 당할 수 없다. 그러나 모사꾼이나 전략가(戰略家)도 경지에 이른 달인(達)에게는 통하지 않는 법이다. 우직하게 노력하는 사람에게는 못 당한다는 중국의 속담이다.

'게으른 천재보다 노력하는 둔재가 낫다'는 말이다.

<table>
<tr><td rowspan="3">047</td><td colspan="4">信 使 可 覆</td><td rowspan="3">048</td><td colspan="4">器 欲 難 量</td></tr>
<tr><td>믿을 신</td><td>하여금 사</td><td>옳을 가</td><td>되풀이할 복</td><td>그릇 기</td><td>하고자할 욕</td><td>어려울 난</td><td>헤아릴 량</td></tr>
<tr><td colspan="4">신 사 가 복</td><td colspan="4">기 욕 난 량</td></tr>
</table>

믿음은 되풀이 할 수 있게 하고 기량은 헤아리기 어렵도록 하라. 사람의 기량이란 깊고 깊어서 참으로 그 깊이를 알기가 어려운 것이지만 알량한 자만심으로 자기를 알리려고 하는 그런 사람이 되지 말고 자기 마음을 속속들이 드러내면 안 된다는 말로도 풀이할 수 있다. 경거망동하면 피해를 본다는 말이다.

049	墨	悲	絲	染
	먹 묵	슬플 비	실 사	물들일 염
	묵	비	사	염

050	詩	讚	羔	羊
	시 시	기릴 찬	새끼양 고	양 양
	시	찬	고	양

묵자는 실이 물드는 것을 슬퍼하였고 시인은 고양(정직을 칭찬한 시)을 기렸다. 시전(詩傳) 고양편에 문왕의 덕을 입은 대부가 정직하게 됨을 말한 것이다. 염색이 되어 물들여지면 원형이 변하고 만다. 물들었다 하면 대게들 나쁜 것을 따라 배운 것을 의미한다. 남의 단점을 보고 내 단점을 고치고 남의 잘함을 보고 그것을 본받아야 한다는 말이다.

051	景	行	維	賢
	밝을 경	행할 행	꾀할 유	어질 현
	경	행	유	현

052	剋	念	作	聖
	이길 극	생각할 념	지을 작	성스러울 성
	극	념	작	성

행동을 밝게 하면 어진 이를 꾀할 수 있고 이겨내고 생각을 잘 하면 성인이 될 수 있다. 성인은 아주 어진 사람이다. 그런 사람의 언행을 잘 보고 배워서 따르면 그것이 곧 수양이 쌓여 자신도 훌륭한 사람이 될 수 있다는 말이다. 이런 진리는 천자문 뿐 아니라 논어, 그리고 여러 서적에서 수도 없이 보고 듣고 했지만 실천으로 옮기기는 어려운 것이니 인간이란 참으로 알다가도 모를 간사한 존재인 것 같다.

□ 명예훼손(名譽毁損)

명예, 이는 자랑스러운 평판이다. 이름이 높음은 단순하게 신분상으로 부(富)나 존비(尊卑), 귀천(貴賤) 등 신분상 행적이 우수하고 공로가 있는 사람에게만 주어지는 것만도 아니다. 공노나 행적이 크지 않아도 각자에게는 그에 합당한 자존심이 있는 것이다. 이런 개인의 자존심이 크고 작고 간에 소중히 여기고 살아가는 사람에게 상처를 준다면 그것을 명예(明銳)하게 즉, 날카롭고 예리하게 밝히려고 할 것이다. 그런 훼손된 것을 되찾으려는 것은 당연지사이다.

그런 당연한 것을 포기한다면 그보다 더한 뭔가가 있을 것 같은데 슬그머니 넘어가려는 사건들을 너무 많이 보고 살았다. 폭로(暴露)하여 공론을 벌이려고 하다가 상대가 더 강한 약점을 들고 나와 그것을 앞세워 맞고소한다고 하여 수사가 확대되기도 한다. 그러다가 갑자기 여론이 자기들에게 불리하게 돌아가려는 조짐이 보이면 슬그머니 취소하여 상호 없었던 것으로 하자고 제안하게 된다. 있던 일이 없어질 수 있는 줄로 착각하는 것 같다.

“있는 것은 분명히 있는 것이다. 없는 것은 절대 있을 수 없다”라는 이론을 잘못배운 수학 공식의 1-1로 안다면 참 편리한 세상, 편리한 해법일 수 있다. 그러나 하나 곱하기 하나도 하나이지만 세상에는 빼기·곱하기 방식도 있고, 하나 둘이라는 수치가 늘어나면 늘어날수록 기하급수(幾何級數)라는 것이 있듯이 꼬리에 꼬리를 문다는 말처럼 의혹이 의혹을 낳게 된다.

‘없는 것으로 하고 있는 것으로 만들어라’하는 뒤집어씌우기는 과거 독재주의에서나 가능한 일이지만 역사가 존재하는 한 밝혀지기 마련이다. 이렇듯 우리 주위에는 말도 안 되는 말들이 너무 많은 것 같다.

반의사불벌죄(反意思不罰罪)라는 법적 용어를 써보자. 피해자 의사에 반하여 처벌할 수 없는 죄, 고소인이 처벌을 원하지 않을 경우 기소할 수 없는 경우를 말하는 것이다. 그렇지만 있었던 일을 아무리 삭제하려 해도 흔적은 고스란히 남게 마련이다.

이런 것을 ‘더럽혀졌다, 먹칠했다’하는 구설수(口舌數)니 훼손이니 하는 것이다. 그것을 만회하려면 적잖은 해명과 시간을 필요로 하지만 진실은 밝혀지기 마련이니 정당하다면 숨길 아무런 이유도 없을 것 같은데 있던 일을 없었던 것으로 하자 한다면 더욱 의혹이라는 것이 커질 것도 같다.

의혹은 당사자의 해명보다도 남이 먼저 알고 있다. 자신 있는 폭로(暴露)나 자신 있는 해명이라면, 취소나 합의라는 명분으로 국가의 지도자가 되려는 사람들의 안이한 타협에 치우치는 정치를 다시 하겠다는 말로 들리는 것 같아 혹시 하는 생각을 더 깊이 하게 된다.

국민을 이끌 지도자가 얄팍한 술수를 쓸 일도 없지만 이번만은 정쟁(政爭)보다 국민이 원하는, 실천 가능하며 알아들을 수 있는 말이나 행동을 요구하고 있다.

국민은 지금 당면한 산적된 문제 앞에서 앞으로의 일들을 걱정하고 있다. 지도자의 자질을 검증하려면 과거의 인간미도 중요하기에 꼭 알아야 한다.

폭로했으면 국민이 판단할 일이다. 이런 과거의 잘못을 많이 들추고 해명이나 공방의 회오리바람 속에서 약점을 감추고 새로운 약점을 찾아 상대를 압박하려고만 한다면 누구를 위한 공론이기에 폭로하고, 해명·반박으로 시끄럽게 해놓고 어떻게 없었던 것으로 한단 말인가.

그것으로 국민을 위한 것으로 돌리지 말고 정당한 정책대결로 국민의 선택을 받아야 한다. 그리고 정정당당한 형단표정이라는 단정하고 밝은 표정으로 대선에 임하자.

<table>
<tr><td rowspan="3">053</td><td colspan="4">德 建 名 立</td><td rowspan="3">054</td><td colspan="4">形 端 表 正</td></tr>
<tr><td>덕
덕</td><td>세울
건</td><td>이름
명</td><td>설
입</td><td>모양
형</td><td>바를
단</td><td>모습
표</td><td>바를
정</td></tr>
<tr><td colspan="4">덕 건 명 입</td><td colspan="4">형 단 표 정</td></tr>
</table>

덕이 서면 이름도 서고 모습이 바르면 태도도 바르다. 단정하고 깨끗하면 마음도 바르며 또 마음이 바르면 얼굴도 밝아지기 마련이다. 항상 덕을 가지고 세상을 산다면 자연 이름도 널리 알려지기 마련이다. 몸가짐이 흐트러진 데 없이 항상 깔끔하고 단정하여 깨끗하다면 마음 역시 바르다는 것을 말해주는 글이다.

055	空	谷	傳	聲
	빌 공	골 곡	전할 전	소리 성
	공	곡	전	성

056	虛	堂	習	聽
	빌 허	집 당	겹칠 습	들을 청
	허	당	습	청

빈 골짜기도 소식을 전하고 빈집도 들림을 거듭한다.

산골짜기에서 소리치면 산울림이 일어난다. 그 울림이 이 산 저 산에 부딪쳐 되돌아온다. 빈집에서 소리를 내면 울려서 다 들린다. 말을 함부로 하지 말고 좋은 말을 하는 습관을 가져야 한다. 인과응보(因果應報), 악한 짓을 하면 화를 당하고 선을 베풀면 복을 받는다.

빈방에서 듣는 사람이 없을 것 같아 밀담을 주고받고 남을 험담한다면 '낮말은 새가 듣고 밤말은 쥐가 듣는다'는 속담처럼 그 울림이 다 들린다는 말이다.

착한 일이나 나쁜 짓을 하게 되면 남이 먼저 안다는 말이니 말과 행동을 항상 조심하고 살자.

057	禍	因	惡	積
	재앙 화	인할 인	악할 악	쌓을 적
	화	인	악	적

058	福	綠	善	慶
	복 복	초록빛 록	착할 선	복 경
	복	록	선	경

재앙은 악이 쌓이는 데서 일어나고 복은 선함에서 일어난다. 악함은 화가 되고 재앙(災殃)이 되니 화나 악을 쌓지 말라는 말이다. 복을 받기를 원한다면 우선 착한 일을 하라. 그러면 복도 받고 경사스러운 일들이 겹칠 것이다.

적선지가필유여경(積善之家必有餘慶)이라, 착함을 쌓으면 가정에 반드시 경사가 있기 마련이다.

059	尺	壁	非	寶
	자 척	구슬 벽	아닐 비	보배 보
	척	벽	비	보

060	寸	陰	是	競
	마디 촌	그늘 음	옳을이 시	다툴 경
	촌	음	시	경

한 자나 되는 구슬도 보배가 아니다. 짧은 시간도 다퉈야 한다. 한 자나 되는 큰 보석보다 한 치의 짧은 시간도 다투어 활용하여 소중히 여기고 헛되이 하지 말자. 큰 보석보다 짧은 시간을 아껴 쓰자.

우리가 살고 있는 잠깐이라는 인생, 살아 숨 쉬는 것, 그것을 항상 새롭게 여기자.

ㅁ 최귀(最貴)한 것

어려서 읽은 동몽선습(童蒙先習)이란 책을 더듬어보자.

'천지지간 만물 중에 사람이 제일 귀한 존재니 이는 오륜을 알고 실천하기 때문이다'라는 첫머리 글귀를 누구나 다 알고 있으나 실천하는 사람은 과연 얼마나 될까.

과거 우리는 삼강오륜을 모르면 무식하다고 지탄을 받을 만큼 우리 삶의 지침이기도 했다. 그런 오륜이 빛이 바래어 가고 있다고, 요새 젊은이들은 자기 생각뿐이며 직설적이고 예의가 없다고 한탄만 하지 말자.

그 참뜻을 오늘의 삶에 조명해 가면서 변해가는 사회풍속도에 맞게 적용해 본다면, 즉각적인 자기표현과 행동, 이런 시원스럽고 발랄한 모습도 엿볼 수 있다. 과거 우리가 용기 없이 눈치만 보다가 기회를 놓쳐 발전 없이 손실만 본 그런 것들도 더듬어보자.

부자유친(父子有親)이라 했다. 부자지간은 사랑하고 효도해야 하는 것은 예나 지금이나 다름이 없다. 낳아서 가르치고 사랑으로 길러주신 어버이의 뜻에 따라 효도하고 순종해야 한다. 그런 유친(有親)이 핵가족이라는 사회구조 속에서 할 수 없이 멀어지고 있으니 각자의 개인 위주의 사회 속에서 호주·호적법도 바뀌어 가니 사랑하고 효도할 기회가 없어지고 있다.

내 몫을 챙기기에 급급하다 보니 '우리'라는 그것이 '내 것'으로 변해가는 것 같아 아쉽기는 하지만 변천해가는 소용돌이를 한탄하지 말고 발전해가는 과정이라 여기고 살자.

군신유의(君臣有義), 임금과 신하는 의리가 있어야 한다.

지금도 그 뜻은 변함이 없어야 한다. 단지 직장의 동료, 단체장의 우두머리, 혹은 직장의 총수로 인식하고 있는 것 같은 그런 사이로 마구잡이로 흔들기도 하고 뜻이 맞지 않으면 직책을 그만두고 비평을 하기도 한다.

과거 군주주의에서는 상상도 못할 일들이 벌어지니 민주주의라는 제도 속에서는 엄격히 적용하기에 쉽지 않은 진리라서 고집할 수만도 없는 것 같다.

옛날에는 절대권력의 군신과 신하의 관계로서 간언하며 충절로 섬기고 따랐던 그 의리가 지금은 비판도 탄핵도 할 수 있게 되었다. 어제의 심복(心腹)이 하루아침에 결별을 선언하여 정적이 되어가는 사회에서 이런 표리부동한 기회주의자들의 행동은 과거의 논리로는 도저히 용납할 수 없지만 그런 사람들이 늘고 있는 것이 사실이다.

의리의 가치관이 사라져버리고 인간적인 갈등을 하다 해체 후 대통합이라는 말이 생겨나고 있다. 정권 교체는 과거에는 역적 혹은 혁명이라 읽힐 정도의 대 사건들이었으나 지금은 그저 평범하게 계절의 바뀜 정도이며, 그 시기에 맞는 철새들의 이동 정도의 아주 적은 변화일 뿐이다.

부부유별(夫婦有別), 부부는 이성(二姓) 지합이다. 백성을 낳게 하는 시초이며 만복의 근원이다. 부부는 안과 밖을 분별하여 밖에서 일어난 일을 말하지 말고, 안에서는 밖의 일을 알려고 하지 말며, 섬김을 의리로 한다는 삼종지도(三從之道)나 칠거지악(七去之惡) 등으로 아내에게 복종과 의무와 책임만을 전가시켰다. 하지만 지금은 남녀 평등한 위치에서 오히려 남편을 능가하려 하니 부부유별은 옛이야기이다.

장유유서(長幼有序), 어른과 어린 사람, 형과 아우 사이에는 자리가 있다는 말이다. 천륜(天倫)에 따라 비롯되는 어른을 공경하고 어린 사람을 사랑하여 위계질서를 지키라는 말이다.

이런 이치는 지켜져야 바른 사회라 할 수 있지만 점차 젊게 살려는 욕구, 그리고 노소동락이라는 말의 뜻대로 어울리다 보면 장유유서의 개념도 퇴색되어 간다. 대우를 기대하다 보면 오히려 따돌림을 당할 수 있으니 어른 노릇하기도 어렵고, 겁 없는 젊은 세대들에게 오히려 봉변을 당할 수 있으니, 매사 조심스럽기만 한 현실이다. 그러나 옛것이 좋다고 강요할 수 없는 일이다.

붕우유신(朋友有信), 벗은 믿음으로 사귀라는 말이다. 유익

한 벗의 세 가지는 유식하고 성실하며 견문이 많으면 이롭고, 해로운 것의 세 가지는 편벽하여 유약하고 아첨하면 해로운 친구라 했다. 벗을 사귈 때는 단정한 사람, 나보다 나은 사람, 선을 권하고 믿음으로써 허물이 있으면 타일러 선의 길로 인도할 수 있는 사람을 친구라 했다.

과연 그런 친구가 존재할 수 있을까 반문도 해 보지만 그런 친구를 찾기란 좀처럼 쉽지 않을 것 같다.

061	資父事君				062	曰嚴與敬			
	바탕 자	아비 부	일섬길 사	임금 군		고로 왈	엄할 엄	더불어 여	공경할 경
	자 부 사 군					왈 엄 여 경			

아버지를 바탕으로 하여 임금을 섬김에 힘쓰다.

임금을 대하기를 아버지처럼 공경하라는 말이다. 하지만 옛날이야기이다. 도리가 땅에 떨어졌다고 한다.

충효사상은 다같이 지켜야 할 도리지만 개인주의의 팽배(澎湃)로 서구물결이 밀려들어서 그런지 아니면 혼탁한 사회로 변해서일까. 핵가족을 부르짖는 젊은이들, 부모들이 논밭 팔아 대학 공부시키고 외국유학을 보내봤자 많이 배우면 배울수록 효는 멀어진다고 한탄하는 할아버지들이 늘어나는 것을 보면 맞는 말인 것도 같다.

이런 틈바구니 속에서 살아가니 현대의 아버지들은 효라는 것을 바라지는 않지만 저희들이나 걱정 없이 잘 지내기만 바라며 외로운 아버지들….

자식들에게서 좋지 못한 소식을 듣지 않는 것이 효이거늘 임금에 대한 충성인들 변하지 않을 수 있겠는가.

현대 우리들의 임금님, 잘 하겠다 하니 잘할 것 같아 찍었으나 기대에 미치지 못하니 정치에는 점점 관심조차 없어진다. 하루하루 눈치만 보며 요령만 피우며 일확천금을 누리는 허황한 꿈을 꾸는 무리만 늘어나니, 충효사상도 목숨 바쳐 한다는 옛글을 믿을 만한 사람은 아무도 없으니 지난날의 구호일 뿐이다.

063	孝 當 竭 力				064	忠 則 盡 命			
	효도 효	당할 당	다할 갈	힘 력		충성 충	곧 즉	다할 진	목숨 명
	효 당 갈 력					충 즉 진 명			

효는 마땅히 힘을 다해야 한다. 충은 곧 목숨을 다해야 한다. 이런 말을 강조하기가 부끄러운 세상이다. 효도도 자식들의 눈치는 보지만 크게 기대해서도 안 된다.

살아가는 환경이 다르고 정책의 변화가 점점 핵가족에서 다시 개인 위주로 변해가니 남녀평등사상이 호적법에까지 영향을 주어 개인 위주로 변해가고 있다.

뿌리를 생명으로 알고 산 우리들의 유교사상이 말살된다고 안타까워 하지만 시대의 흐름은 막을 길이 없다.

대세를 따라 물 흐르는 대로 갈 수밖에 없으나 충효의 기본은 부모를 공경하고 나라를 소중히 여기는 것이니 그 진리를 잊어서는 안 된다.

갈력(竭力)은 최선을 다한다는 말이다. 진명(盡命)은 목숨을 다하는 것이지만 목숨까지는 아니더라도 우리 미덕인 충효를 잊지 말아야 한다.

065	臨	深	履	薄
	임할 임	깊을 심	밟을 리	엷을 박
	임	심	리	박

066	夙	興	溫	凊
	일찍 숙	일어날 흥	따뜻할 온	서늘할 청
	숙	흥	온	청

깊은 곳에 임하듯 엷은 곳을 밟듯 하고 일찍 일어나 따뜻한가 서늘한가를 살펴라. 이는 효를 강조한 말이다.

부모의 심사를 헤아리고 불편한 곳이 없는지 항상 살피고 추운지 더운지 잠자리가 차가운지 더운지 항상 살펴드려 편안하게 해드리라는 말이다.

067	似	蘭	斯	馨
	같을 사	난초 란	이 사	향기 형
	사	란	사	형

068	如	松	之	盛
	같을 여	소나무 송	갈 지	성할 성
	여	송	지	성

난초의 향기 같고 소나무의 무성함과 같다. 난초의 꽃다운 향기나 솔 같은 무성함은 군자의 지조(志操)를 말한다.

군자의 품성은 향지원문야(香之遠聞也)라 했다. 향기는 인품이다. 아름다운 인품은 먼 곳까지 향기가 퍼지듯 풍문으로 전해진다는 말이다.

□ 생활의 지혜

우리는 일상생활 속에서 지혜를 찾아가며 산다. 산다는 것은 힘들인 것만큼 보답이 온다. 그리고 힘 들인 일이 정당할 때만이 정당한 보답이며 그것은 값진 것이다.

주경야독(晝耕夜讀), 낮에는 밭갈이를 하고 밤에는 오래도록 글공부를 하여 성공한 사람들의 성공담을 들어 보면 눈물겨운 일들이 많다. 공부는 성공하기 위해서 하는 것이라면 성공이란 무엇인가. 사람마다 포부가 각기 다르지만 부족한 것을 이루는 것이 성공일 수도 있는 자기만족이라 한다면 모르고 있던 것을 알게 되는 것도 자기만족이니 성공일 수도 있다. 우리는 부족한 것을 만회하려고 끊임없이 노력한다.

그 노력의 대가가 있어야 하는데 쓸데없이 주경야독 대신 주경야주(晝耕夜酒)로 세월을 허비하기도 하고 주면야사(晝眠夜事)로 야근을 하고 낮에 자는 생활도 과거에 다 경험했다.

사람이 산다는 것, 그것은 지나고 나면 후회되는 일뿐이다. 지나간 세월은 돌아오지 않고 흘러갈 뿐이며 돌이킬 수 없지만 그 흐름 속에 내가 존재했고 지금도 그렇게 흘러가고 있으니, 이제는 낮도 밤도 할 일이라고는 쉬는 것뿐이다. 할 일이 없으면서도 책 읽을 시간도 없다 변명하지 말고, 지금 그런 것을 배워서 무엇 하느냐고 반문하지 말고 한 권의 책이라도 읽어보자.

살아가는 물체는 끊임없이 움직여야 한다. 움직임도 바른 움직임이어야 한다. 할 일을 두고도 귀찮아하면서도 좋지 못한 놀이에 열을 올리다 봉변당하는 일은 삼가자.

움직임은 단순한 걷기나 등산 같은 물리적 현상만이 아니다. 건전한 정신운동으로 두뇌회전을 시키면 좋다고 한다. 정신운동에도 여러 가지가 있지만 공상이나 망상 같은 부당한 생각은 오히려 몸을 망친다. 참신한 마음으로 좋은 생각을 하는 것이 좋다. 한 권의 양서를 읽거나 좋은 생각으로 글을 쓴다면 이보다 더 좋은 정신운동이 없다고 한다. 글을 읽거나 쓴다는 것은 정신을 맑게 할 뿐 아니라 몸을 건강하게 만든다.

069	川	流	不	息	070	淵	澄	取	映
	내 천	흐를 유	아닐 불	쉴 식		못 연	맑을 징	취할 취	비칠 영
	천	유	불	식		연	징	취	영

내는 쉬지 않고 흐르고 못이 맑으면 비추어 볼 수 있다. 이 말은 흐르는 물은 썩지 않는다는 유수불부(流水不腐)와 같이 많이들 사용하는 말이다. 쉬지 않는다는 것은 군자의 행지(行地)를 뜻하기도 한다. 행한 바가 바르고 투명하여 험(驗)잡을 데가 없는 바른 발자취를 남기는 것을 우리 정치인들이 본받을 일인 것 같은데 두고 보면 알 일이다.

지금은 멸종되어 없어져버린 공용의 발자취가 화석으로 남은 것처럼 우리의 역사 속에 영원히 남아 있다는 사실을 알아야 할 것이다. 후손에게 부끄러운 발자취를 남기지 말고 아름다운 발자취를 남긴다면 그 길은 눈으로 보이지 않아도 마음속의 길잡이로 우리가 지켜야할 신호등이 될 것 같다.

발자취 하니 비홍답설니(飛鴻踏雪泥)라는 글을 다시 써보자. 눈이 내려 쌓였던 언 땅이 녹아 질척한 진흙 밭에 큰 기러기가 지나가면 발자국을 남기지만 곧 없어지고 만다.

홍(鴻)이나 안(雁)은 기러기를 뜻하지만 홍은 큰 기러기를 말하고, 안은 작은 기러기라는 의미로 가짜라는 뜻도 가지고 있다.

눈 위나 진흙 위를 밟고 지나간 거위 발자국처럼 금방 사라지지 않고 오래도록 남을 수 있는 발자취를 남기라는 뜻이다.

설니홍조(雪泥鴻爪)라는 말로 다시 써 보는 것은 헛수고가 되지 않게 말과 행동을 바르게 하고 참된 행동을 하라고 강조하기 위함이다.

071	容	止	若	思	072	言	辭	安	定
	얼굴 용	거울 지	같을 약	생각할 사		말씀 언	말 사	편안할 안	정할 정
	용	지	약	사		언	사	안	정

매무새와 거동은 생각과 같이하고 말은 안정하게 하라. 행동함에 너무 덤비지 말고 형용(形容)과 행지(行持) 즉, 지나온 발자취를 조용히 생각하고 뒤돌아보고 침착(沈着)한 태도를 가짐을 뜻한다. 그리고 태도만 침착할 뿐 아니라 말도 안정되게 하

고 공손하여 편안하게 하여 쓸데없는 말은 삼가야 한다.

073	篤	初	誠	美	074	愼	終	宜	令
	도타울 독	처음 초	참으로 성	아름다울 미		삼갈 신	마칠 종	마땅 의	아름다울 령
	독	초	성	미		신	종	의	령

처음을 돈독히 하면 아름답고 마침을 삼가면 마땅히 아름답게 된다. 처음뿐 아니라 끝맺음도 좋아야 한다.

시종일관이라는 말이나 용두사미와 같이 처음이나 끝마침이 같아야 하며, 시작은 거창하게 늘어놓고 맺음이 바르지 못하면 아니함만 못하다는 것을 알면서도 실천하기가 어려우니 이런 명언들을 깊이 이해하여 생의 지표로 삼아야 한다.

유종의 미(美)를 거두는 것은 어려운 일이기는 하지만 처음보다 끝이 좋은 결과를 얻을 때도 많이 있음을 기억하여 말이나 행동의 완급(緩急)을 잘 조절하여 안정된 삶을 살자.

075	榮	業	所	基	076	籍	甚	無	竟
	영화 영	일 업	바 소	터 기		서적 적	심할 심	없을 무	마칠 경
	영	업	소	기		적	심	무	경

일을 영화롭게 하는 터전이 되는 바이며 명성이 널리 퍼지면 끝이 없을 것이다. 그뿐만 아니라 자신의 영예로운 이름이 영원히 전해질 것이다. 처음뿐 아니라 끝맺음도 좋아야 무경 극(極)에 다다라 번성(繁盛)하는 기본이 된다는 말이다.

□ 로스쿨(Law School)

법학전문대학원이다. 미국에서 유래된 법률가 양성학교를 뜻하는 전문학교이다. 그 취지는 법률공부는 일반대학 학부에서 별도로 하지 않고 법률 이외의 사회과목(사회, 인문, 자연과학 등 어떤 과목도 무방한)을 전공한 본과 졸업자를 전형하여 3년제 로스쿨에서 교육을 이수한 사람을 변호사 자격시험에 응시할 수 있는 자격을 준다는 제도이다. 간단히 말하면 판검사나 변호사가 되려면 대학에서 다른 전공으로 졸업하고 로스쿨에 진학하여 학위취득 후 사법시험을 통해 선발되는 제도이다.

모든 개혁은 아무리 좋아도 부작용이 따르기 마련이다. 우리도 로스쿨 제도를 도입하여 법률적으로 처리능력을 갖춘 법률가를 양성한다는 생각에 근거를 둔 것으로 로스쿨 졸업자들만으로 사법시험의 수요여건을 준다는 것이다.

기존 법학교육 과정과 법조계에 진입할 수 있는 구조가 확 달라지니 과거 누구나 응시할 수 있었던 사법시험 제도가 단계적으로 폐지되니, 좋고 그름보다도 과거의 제도에 관련된 사람들에게 혼선을 주기에 충분하다. 아무리 좋은 제도라고 하지만 그것을 받아들일 준비가 되지 않았다면 거부 반응을 일으키기 마련이다.

일반지식을 습득한 다음 전문지식을 폭넓게 배워 벼슬에 올라야 한다는 뜻으로 받아들이면 된다. 그러나 아무리 좋은 제도라도 불이익을 받게 되는 학교나 과거의 제도로 준비한 사람들은 반대할 수밖에 없는 현실이다. 하지만 많은 학교는 학칙이나 교육프로그램 그리고 많은 예산을 확보해야 하고 판검사나 변호사가 되려는 사람들도 새로운 제도에 적잖은 혼선이 있을 수 있으니 바빠지겠지만 폭넓게 배워서 유능한 판검사나 변호사가 탄생하기를 바랄 뿐이다.

077	學 優 登 仕				078	攝 職 從 政			
	배울 학	넉넉할 우	오를 등	벼슬할 사		잡을 섭	벼슬 직	쫓을 종	정사 정
	학 우 등 사					섭 직 종 정			

배운 것이 넉넉하여 벼슬에 오르니 그 벼슬을 잡아 정사에 종사한다.

이런 좋은 글을 대하면 조금 안다는 것이 부끄러워 질 때가 있다. 배운 것이 넉넉지도 못한 사람이 교묘한 수법으로 가짜 박사학위를 위조하여 그것도 교양교육원 교수가 되는 세상이다 보니 가짜를 진짜인 줄 알고 가짜를 진실로 알고 배울 수밖에 없다. 그러니 가짜가 판을 치는 세상에 가짜도 구분하지 못하는 교양이 땅에 떨어진 오늘의 현실을 어떻게 설명해야 할지 모르겠다.

하지만 돌파리 의사가 기승을 부리더니 이제는 가짜박사가 판을 치며 그것도 국가 굴지의 미술행사라 자처하는 비엔날레에 예술감독으로 선정된 가짜치고는 간이 큰 것 같다. 진짜를 능가하는 그런 사람도 천자문쯤은 읽었다면 좀 더 많이 배우려고 노력했을지도 모를 일이다.

'서툰 도적이 날 새는 줄 모른다'고 일을 그르치고 말았으니 진짜 박사학위를 가지고도 교수가 되지 못하는 기현상이 벌어지는 오늘의 사회구조가 과연 정의사회라 할 수 있을까. 교수임용과정에서 외압이나 비리가 없다고 하나 확인절차에 문제가 있다는 말을 믿어야할지 반문해 보지만 정치적·사회적 구조가 속임수나 금력 앞에서 제 기능을 할 수 없으니 바른 배움이란 정의를 내리기가 심히 난처한 일이 되었다.

'학우등사'의 뜻이 잘못 해석된 것이 아니라면 잘못 배운 사람은 자진하여 자리보전에 고민하지 말고 이실직고하여 국민 앞에 사죄했으면 한다. 하지만 가짜가 큰소리치는 사회에서 다음 정치를 할 사람은 학우(學友)의 뜻대로 넉넉한 배움을 가진 그런 사람이 있기는 있는 것 같으나 찾기가 쉽지 않을 것 같다.

079	存	以	甘	棠	080	去	而	益	詠
	있을 존	써 이	달 감	팥배나무 당		갈 거	말이을 이	더할 익	읊을 영
	존	이	감	당		거	이	익	영

감당(주나라 소공에 대한 추모(追慕)시)이 떠나간 뒤에 더욱 읊는다. 소공이 죽은 후에 백성들이 그의 덕을 추모하여 더욱

그를 칭송한다는 말로 좋은 것은 지나고 나면 더욱 빛을 발하게 된다. 지금 자기가 편 정책이나 이론이 비판도 악평도 받을 수 있지만 정당하다면 길이 남을 것이요, 잘못된 것이라면 지탄을 받을 것이다.

추모(追慕), 그리워하여 그의 뜻을 뒤따른다는 말이다. 그 추모도 사람마다 다르기 때문에 내가 존경하는 사람이라고 해서 다른 사람도 그를 존경하는 것은 아니다.

바른 것을 바르게 보면 그것은 바른 것이지만 아무리 바른 것이라도 삐뚤어진 눈으로 보면 바를 수가 없다. 보는 안목이라는 것도 사람의 눈높이는 같을 수 없으니 내 주장만을 고집하기 전에 남의 입장에서 세상을 보면 그 착각의 주인공이 나일 수도 있음을 알 것이다. 업적을 남기려고 억지로 일을 도모하려고 한다면 그것은 업적이 될 수 없다.

바르고 올바른 진정한 정치를 하려고 한다면 그것을 국민이 먼저 알고 따른다는 말이다.

081	樂 殊 貴 賤			
	풍류 악	다를 수	귀할 귀	천할 천
	악 수 귀 천			

082	禮 別 尊 婢			
	예도 예	나눌 별	높을 존	낮을 비
	예 별 존 비			

음악은 귀천에 따라 다르고 예는 존비(尊卑)에 따라 다르다. 예도 존비의 분별이 있다는 말이다.

민주주의에서 존비가 있다고 하면 그것은 민주주의가 아닌 것으로 착각하고 살았지만 요즘 신문기사를 대하면 더욱 착각이라는 것을 실감한다. 신도 건드리지 못하는 직장, 그것이 금감원이라는 기사를 대하니 섬뜩한 감마저 든다. 감사원이 지적사항을 지키지 않고 직원들에게 주택과 대학장학금을 무상으로 지급하는가 하면 임금을 과다하게 인상해온 것이 들통 났다. 감독하는 기관이 남을 감독하면서도 자기들은 법을 어겨도 되는 줄로 알고 있다면, 이것이 민주주의 정의사회라 할 수 있겠는가.

유유상종(類類相從), 끼리끼리 논다지만 여러 사람이 힘들여 모은 혈세(血稅)인 국고를 나만 잘살면 된다는 파렴치한 고양이에게 맡겨 놓았으나 고양이를 버리자니 좀도둑 쥐들이 극성을 부릴 것도 같고 그냥 기르자니 그 얄미운 고양이를 어떻게 본단 말인가.

사람은 자기능력 대로 산다고 하지만 끼리끼리 사는 것도 공평치만은 않은 것이 사실이다. 상류니 하류니 하는 그 상류층인 명문가(名文家)는 무엇으로 이름을 남기었기에 명문가가 되었는가. 장관인가, 법원의 판검사인가, 국회의원인가, 아니면 대학학장 혹은 유명하다는 학자일까?

앎이 많아 옳은 일이나 바른 행동을 하여 사회에 모범이 되고 그 가솔들이 그의 덕을 이어받는다면 당연히 명문가라 칭할 수 있으리라.

돈과 명예, 그 무엇도 부러울 것이 없는 많은 병원이나 단체의 장들, 그룹의 총수, 대기업 사장이나 전무들, 재단이사장 등 이런 상류층의 인사들은 그들의 노력의 대가로 부와 명예를 누리는 것은 당연한 이치이나 그 명예를 남용한다면 그것은 명문가가 될 수 없다.

□ 미생지신(尾生之信)

이 말은 약속을 지켜야 한다는 말로 사용도 하고 융통성(融通性)이 없는 옹고집을 말하기도 한다. 옛날 중국 노나라에 미생이라는 사람이 살았는데 성품이 우직하여 약속을 하면 목숨을 걸고서라도 지켜야 하는 것으로 아는 사람이 있었다.

그는 어느 날 여인과 다리 밑에서 만나기로 굳게 약속을 했는데 다리 밑에서 아무리 기다려도 여인이 오지 않았고 공교롭게도 장맛비가 내려 물이 불어나 위험하게 되었다. 다리를 지나가는 사람마다 이런 빗속에 기다리는 사람은 오지 않으니 피하라고 소리쳤지만 미생은 약속을 지켜야 한다면서 교각을 붙들고 버텼지만 결국은 익사하고 말았다는 우직한 사람의 이야기지만 약속은 꼭 지켜야 한다는 교훈을 남긴 사람이다.

이와 같이 약속을 가볍게 생각하면 상대방에게 피치 못할 결과를 초래할 수도 있으니 지키지 못할 약속은 해서는 안 된다. 특히 부부간의 약속은 서로가 꼭 지켜져야 가정이 편하고 번창한다.

<table>
<tr><td rowspan="3">083</td><td colspan="4">上 和 下 睦</td><td rowspan="3">084</td><td colspan="4">夫 唱 婦 隨</td></tr>
<tr><td>윗
상</td><td>화목할
화</td><td>아래
하</td><td>화목할
목</td><td>지아비
부</td><td>노래
창</td><td>지어미
부</td><td>따를
수</td></tr>
<tr><td colspan="4">상 화 하 목</td><td colspan="4">부 창 부 수</td></tr>
</table>

윗사람이 화목하면 아래도 화목하고, 남편이 부르면 아내는 따른다. 이 말은 원만한 가정을 말한다. 윗사람을 공경하고 아랫사람을 사랑하면 화목해진다. 부부의 화합하는 도리를 말한다.

우리는 과거 삼강오륜을 강조하면서 동방예의지국임을 자랑하고 살았다. 삼강(三綱)이란 군신(君臣), 부자(父子), 부부(夫婦)에 대한 강령(綱領)으로 충과 효, 부부가 지켜야할 예의가 있어야 한다는 가르침이다. 그러나 세상은 바뀌어 봉건시대의 고리타분한 말로 들리지만 지금도 지켜야 하고 본받을 항목이 아주 많음을 알아야 한다.

오륜의 부부유별(夫婦有別)이나 삼강의 부위부강(夫爲婦綱)의 항목들도 남녀동등의 사회이기에 고쳐야 할 곳도 있다.

부부는 동등한 입장에서 맺어진 인연이기에 동등한 입장에서 서로 존중하여 백년해로(百年偕老)해야 하며, 삼종지도(三從之道)는 어려서는 아버지를 따르고 시집을 가면 남편을 섬기고 남편이 죽으면 자식의 뜻에 따라야 한다는 강령을 꼭 지키라고 한다면 무리일 것 같다.

삼불거(三不去)는 칠거지악(七去之惡)의 이유가 있어도 아내를 버리지 못한다는 3가지 이유는 지금도 지켜야할 도리라고 본다. 결혼하여 부모의 삼년상을 치르고, 빈천한 살림을 부귀하게 만들고, 갈 곳이 없는 아내는 내칠 수 없다는 말로 부부가 다

같이 지켜야할 도리인 것 같다.

그리고 일곱 가지 악은 생각해볼 항목이 많다. 시부모에게 불순한 경우, 자식을 낳지 못할 경우, 음탕할 경우, 질투가 많을 경우, 잔소리나 말이 많아서 지치게 하거나 나쁜 병이 있어 옮길 수 있어 생활을 지속할 수 없을 경우에는 맹서하고 약속한 부부라 한들 고려해볼 일이다.

만약 이런 일이 생긴다면 영원한 부부에게도 문제가 생기게 마련이니 어느 것은 지키고 용서해야 한다고 말하기 어려우나 서로 의견을 존중하여 양보나 이해가 아쉬울 뿐이다.

어제의 도나 예도 바뀌고 있다. 이런 변천이 발전이라는 것이라면 외면할 수만은 없고 따라야 한다. 시대감각에 맞게 변해가니 도처에서 일어나는 예절도, 풍속도 ,그리고 계량 단위까지 달라지고 있다.

□ 계량단위(計量單位)

우리 일상생활에서 흔하게 사용하는 생활용품이나 물건에 대한 길이, 넓이, 부피, 무게 등을 가리키는 단위를 법적으로 규제하고 단일화하여 법정단위로 한다는 것이다.

우리가 살고 있는 집을 이중 혹은 삼중으로 사용하는 평, 간, 혹은 평방미터로 사용하니 복잡한 것은 사실이지만 공적인 장부에 쓰는 단위만 단일화하여 사용한다면 자연 사용하지 않는 단위는 잊혀지기 마련이다. 그렇게 잊혀진 단위도 역사의 흐름에 따라 사라지지만 우리 문화의 흐름에 따라 사용하지 않는 것이라고 다 버리면 결국에는 과거의 역사나 문화를 이해할 수 없는 날이 올 것 같다.

병행(竝行) 사용이나 혼용(混用)하는 것도 물적·시간적 낭비이지만 단일화로 적잖은 혼선을 빚을 것 같다.

"쇠고기 한 근 주세요"라고 하면 "예, 600그램 드리겠습니다" 하며 자연스럽게 알아듣고 한 근을 달아주니 차츰 그램으로 변하여 갈 것이다.

아파트 30평 정도의 건물을 사려고 한다면 99평방미터로 하면 되지만 당분간 혼선을 빚어 문제도 발생하겠지만 법에 따를 수밖에 없다. 아파트 3.3㎡ 당 100만 원이라고 한다면 평당 100만 원을 말한다. 평을 사용하지 않으려면 1㎡ 당 33만 원으로 하면 편리할 것 같은데 굳이 '3.3㎡ 당'이라고 하니 불편할 것 같다. 앞으로 아파트와 같은 건축물은 30㎡ 혹은 90㎡, 100㎡로 만들어 공급하여 소수점을 없앨 수는 없을까 생각해볼 일이다.

쓰던 것을 못 쓰게 하는 것, 그것을 불능화(不能化)라고 한다면 영원히 못 쓰게 없앨 것인지 다시 사용할 수도 있게 그냥 둔다는 말인지 아리송하게 들리는 말이 우리 귀를 자극하고 있다.

불능화 하는 것은 사용해서는 안 되는 것에만 적용하고 굳이 불능화 할 필요가 없는 것은 그대로 두어도 사용하지 않으면 저절로 없어진다. 꼭 없어야 할 것은 불능화가 아니라 폐기(廢棄)되어야 한다.

085	外	受	傳	訓	086	入	奉	母	儀
	바깥 외	받을 수	스승 부	가르칠 훈		들 입	받들 봉	어미 모	거동 의
	외	수	부	훈		입	봉	모	의

바깥에서 스승의 가르침을 받고, 들어와서는 어머니의 거동을 본받는다. 집안에서는 어머님의 몸가짐을 따라야 한다. 사나이는 외부 스승의 가르침을 받아야 하고, 딸아이는 집에서 어머니의 뜻을 받들어야 한다는 과거 유교적인 교육을 강조한 말이다.

옛날에는 남・녀의 역할이 엄격히 구분되어 있었지만 지금은 다르며 남존여비도 사라지고 동등한 위치에서 오히려 여자의 역할이 더욱 폭 넓게 요구되는 사회 환경이 되었다.

과거 여성 교훈서인 내훈(內訓)이나 부녀자들의 가르침인 훈령(訓令, 딸들에게 들려주는 이야기)은 소혜(昭惠) 황후이신 인수대비가 엮은 부녀자들에 대한 교육의 지침서이다.

안방마님의 언행(言行), 효친(孝親), 혼례(婚禮) 등에 대한 가르침인 모의(母儀), 돈목(敦睦), 염검(廉儉)을 3권의 책으로 엮은 것이다.

효도란 부모의 마음을 즐겁게 해드리고 대접해 드리는 것으로서 경제적인 풍요로 잘 먹고 즐길 수 있으면 그것이 평안이다. 그리고 자식은 부모 앞에서 조심성 있는 행동을 해야 한다. 춥든 덥든 즐겁든 슬프든 특히, 자식이 아프면 부모는 그것을 가장 가슴 아프게 생각하니 항상 즐거운 마음으로 부모를 공경하기 바란다.

부모는 늙어 노쇠하게 되면 나와 같이 가정을 이끌어갈 자식이나 며느리를 원한다는 것은 예나 지금이나 다를 바가 없지만 핵가족화 되었으니 지금의 노부부는 외로우면서도 그들의 효를 억지로 외면할 수밖에 없는 삶을 살아야 한다. 이런 변화 속에서 과거의 충효사상이나 내훈도 바뀌어야 할 것 같다.

<table>
<tr><td rowspan="3">087</td><td colspan="4">諸 姑 伯 叔</td><td rowspan="3">088</td><td colspan="4">猶 子 比 兒</td></tr>
<tr><td>모두
제</td><td>시어머니
고</td><td>맏
백</td><td>아재비
숙</td><td>같을
유</td><td>아들
자</td><td>견줄
비</td><td>아이
아</td></tr>
<tr><td colspan="4">제 고 백 숙</td><td colspan="4">유 자 비 아</td></tr>
</table>

모든 고모, 백부, 숙부는 조카를 아들같이 대해야 한다. 고백

숙(姑伯叔)은 집안의 내척(內戚)이다. 고모나 큰아버지, 작은아버지 그리고 조카들은 한 가족으로서 한울타리에서 같이 사는 대가족을 이루는 말로서 한 우리 안에서 8촌까지 난다고 했을 때도 있었다. 모든 식솔들을 가족처럼 여겨 형제간에 우애 있고 손자들의 번영과 특히 장손과 맏며느리의 역할을 중요시한 것은 그들의 역할이 대가족을 이끌어 가는 견인차 역할을 했기 때문이다.

과거의 대가족제도에서는 당연히 부모를 모심에 있어서 불편한 심기를 드러내서는 안 되었으나 이제는 지나간 과거의 풍습이 되었다.

내가 짐스럽지 않게 살기보다 내 스스로 불편함 없이 나만이 편하고자 혼자 사는 노인들이 늘고 있다. 늙어서 추한 모습을 보여주기 싫어서가 아니라 세대차이로 일어나는 부자유스러운 행동이나 문화의 차이로 가치관이 다르기 때문이다.

따로따로의 삶을 살자면 외롭기는 하지만 그것보다 먼저 자유로운 것을 추구하며, 늙으면서 생기는 생리적인 변화로 일찍 일어나 서성거림도, 식성의 변화로 젊은이들과 먹음의 차이에서 생기는 자연적인 현상도, 아이들에게는 불결한 것으로 여겨질 것 같으니 서로의 불편을 해소하려 한다.

그들은 나로부터 이루어진 핵들이지만 새로운 핵을 이루었으니 새로운 핵가족으로 살아가길 원할 뿐이고, 이렇듯 가족단위도 변하니 계량단위도 당연히 변하는 것이 순리일 것 같다.

□ 단일민족(單一民族)

우리는 우리라는 말을 아주 즐겨 쓰고 있으며 나를 낮추고 상대를 높이는 것이 기본 예라고 여기며 생활한다.

"소인은, 미천한 제가, 소첩(小妾)이 무엇을 압니까. 어르신의 분부만…." 하지만 그 내면에 숨겨져 있는 그것들은 누구나 다 짐작으로도 알 수 있는 말들을 아무런 부끄러움도 없이 자연스럽게 표현한다. 이런 말들을 많이 쓰고 있지만 이것은 어디까지나 표현이지 사실과는 전혀 다른 말뿐인 낮춤이며 겉과 속은 전혀 다르다는 것을 안다.

우리는 한 할아버지의 자손으로서 단일민족을 고집하며 살았다. 그러니 우리끼리 마르고 닳도록 살기를 원하며 단일민족으로 살기만을 원하지만 그렇게 되지 않을 것 같다.

동방예의지국이라 자랑하며 찬란한 문화라 자랑만 하고 실속 없는 과거에만 치우쳐 선진문물을 외면한다면 일세기 전 우리가 당한 그 수모는 아니더라도 경제적인 낙후로 인한 빈곤(貧困)으로 하늘과 땅과 같은 차이가 날 수도 있으니 세계의 흐름에 동참해야 할 것 같다.

우리라는 개념(槪念)도 수정(修整)하고 혼혈(混血)화 되어 가는 세상을 비판할 수만도 없을 것 같다.

이국인(異國人)의 왕래(往來)가 빈번하고 국제결혼이나 성적 개방으로 물밀듯이 몰려오는 다양(多樣)한 외세문화에 우리의 순수(純粹)혈통(血統)이나 전통성만을 더 이상 고집할 수 없는 지경에 놓여 있는 것 같다.

각기 다른 문화와 피부를 가진 인종이 뒤섞어 살아갈 수밖에 없어 병행(竝行)하고 살지만 그래도 우리나라라는 것을 잊지 말고 살았으면 한다.

우리는 우리나라를 사랑한다. 저희 나라가 아닌 우리나라에서 우리 동포와 우리 형제들이 더불어 살길 원한다.

089	孔	懷	兄	弟
	채울 공	생각품을 회	맏 형	아우 제
	공	회	형	제

090	同	氣	連	枝
	한가지 동	기운 기	이을 연	기지 지
	동	기	연	지

형제를 깊이 생각해야 하니 형제는 이어진 가지인 것이다. 형제는 부모의 기운을 같이 받았으니 나무에 비하면 그 가지와 같다는 말이다.

우리는 너무 바쁘게 살다보니 잊고 사는 것이 너무 많은 것 같다. 어렸을 때 같은 형제나 친구들과 그리던 꿈도 이루지 못하고, 정(情)도 그리워하며 주고받기를 원했으나 그마저 남아있지 않은 것 같으니 줄 정도, 받을 정도 고갈(枯渴)되어 버린 것 같다.

부모에 대한 정, 자녀에 대한 정, 애정(愛情)이나 우정(友情)이라는 사람의 정들이 메말라버린 것인지, 잃어버린 것인지 아리송한 삶을 산다.

091	交 友 投 分				092	切 磨 箴 規			
	사귈 교	벗 우	줄 투	나눌 분		끊을 절	갈 마	경계 잠	바로잡을 규
	교 우 투 분					절 마 잠 규			

벗을 사귐에 정분을 주고 나누고, 갈고 훈계하여 바로잡아야 한다. 열심히 닦고 배워 사람으로서 도리를 지켜야 한다.

요즘 학력을 위조하는 사람이 늘어나고 있다. 배운 것이 적은데도 많이 배웠다 한다고 자기 앎이 많아지는 것이 아니다. 그런데도 평범한 사람이 마구잡이로 학력을 위조도 하고 변조도 하여 남을 속이고, 특별한 학식이 있는 것같이 스스로를 포장하여 유명인사가 되어 활개를 치다가 들통이 나기도 한다.

공들이지 않은 탑은 쉽게 무너진다는 당연한 진리 앞에 무릎을 꿇고 말았으니, 많은 앎을 얻고도 학력을 속임으로써 신뢰를 잃었으니 결국 모든 것을 잃은 것이다.

인격(人格)이라는 것은 많은 배움과 수양에서 나오는 것이다. 격(格)이란 바로잡는 것이다. 바른 것을 겨루고 대적(對敵)하는 것도 격이지만 같은 격을 잘못 해석하여 인격을 높이려다 인정받지 못하고 어느 날 갑자기 추락하여 유명인사가 아닌 몰골사나운 가짜로 전락하고 만다.

그래도 할 말이 남았는지 참회하여 사죄하기는커녕 외국으로 몸을 숨기고 알 수 없는 쓴웃음인지 아리송한 여운을 남기니 우리 속담에 '구렁이 담 넘어가듯 한다'라는 말처럼 슬그머니 잠적해버리고 말면 그만인 줄 안다.

많이 배웠다는 것은 많이 안다는 것을 의미하지만 사람의 능력의 차이로 많이 배우지 않아도 많은 것을 알 수도 있고 많이 배우고도 조금밖에 모를 수도 있다. 평범한 인격을 가진 사람이 세상을 평범하게 이끌어가야 평범한 세상이 되는 것이다. 소수의 특출한 사람이나 평범한 사람이 자신을 속이고 특출한 행세를 하여 세상을 이끌려고 한다면 평범한 세상을 이룰 수 없다.

학력(學力)과 학력(學歷)이란 지정된 교육기관에서의 수업만 인정하는 것도 무리가 있는 것으로 안다. 학교도 가정도 직장도 그리고 사회생활에서의 경험이나 좋은 서책으로 알게 된 지식도 충분한 학력(學力)이나 학력(學歷)이 된다.

역(力)은 힘이며 능력이다. 그리고 겪어 지나온 내력으로 얻은 총체적인 힘이다. 그런 것을 속인다고 없는 것이 있는 것이 될 수가 없다. 학력을 위조하는 것은 능력위주보다 학력위주의 정책에서 파생된 반증이기도 하다.

하나만 전공한 박사보다 많이 고루 갖춘 학자를 원하는 사회에서 평범하지만 이것저것 두루 아는 폭넓은 사람이 평범한 세상을 만들 수 있을 것 같다.

093	仁	慈	隱	惻
	어질 인	사랑할 자	가엾어할 은	슬퍼할 측
	인	자	은	측

094	造	次	弗	離
	갑자기 조	때 차	아닐 불	떠날 리
	조	차	불	리

인자함과 측은히 여기는 마음은 아주 급할 때에도 떠나지 말아야 한다. 남을 동정하는 마음을 항상 가지자.

남을 돕는다는 것은 쉬운 것 같지만 어려운 것이다. 흔히 남을 돕는다하면 풍족하여 남는 것으로 돕는 줄 안다. 남는 것으로 돕겠다 하는 사람은 남을 절대로 도울 수 없다.

자(慈)는 사랑이며 어머니이다. 자혜로운 마음은 어머니 마음이기에 족하지 않아도 도와주고 싶은 마음이 생기는 것이다.

불(弗)은 아닌 것을 뜻하지만 세차고 성한 모습이다. 사람도 아니고 신도 아닌 부처의 마음인 본심을 불심(佛心)이라 한다. 어머니 마음이 불심이라 하고 싶지만 이런 것은 나 혼자만의 생각이니 나만은 그렇게 믿고 싶을 뿐이다. 이런 억지소리라도 해야 마음이 편하다.

무더운 여름밤, 오늘도 잠들기가 어려울 것 같다. 고희의 할아버지가 자비로운 불심 같은 어머니를 그리워하니 외로운 밤이 아니라 슬픈 밤인 것 같다.

외롭다는 것은 배부른 소리라 했는데 지금 내가 배부른 투정을 하는 것 같지만 늙어감이란 외로움의 시작이라는 것을 알지만 외톨이라는 강박관념이 나를 압박한다.

□ 예견(豫見)된 삶

우리는 정해진 삶을 살 뿐이다. 인생사 새옹지마(塞翁之馬)라는 말이나 사필귀정(事必歸正)이라고도 하지만 주어진 여로(旅路) 대로 가고 있다고 생각한다. 삶에 회의(懷疑)도 환희(歡喜)도 후회(後悔) 없는 삶을 산 것 같다 하면서도 조그만 불편도 참지 못하고 누구의 잘못도 아닌 내 인생을 원망도 하고 후회도 한다면 아직도 모자라는 사람일 것 같다.

주어진 삶을 내가 조정하여 가는 것이기에 내 그릇대로 살뿐인 것 같지만 '뛰어봤자 벼룩이다'라는 속담처럼 제 키에 몇 십배를 뛰어봤자 방안을 맴돌 뿐이다.

누구에게나 그만의 주어진 습성(習性)을 가지고 사는 것이다. 습성은 좋고 그름을 떠나 고쳐지지 않는 그만의 특성이기에 자신의 습성을 알면서 고칠 수 없는 것을 남의 옹고집인 본성을 변화시키려 한다는 것은 더욱 어리석은 생각이며 나만 아는 속물일 뿐이다.

속물(俗物), 제 잘난 멋에 사는 세상에서 자기가 제일이라는 그릇된 생각인지도 모르고 자기주장을 상대에게 과시하려는 사람들의 넉살 좋은 행동을 보면 참기 힘들었지만, 과거에 혈기방자(血氣放恣)할 때는 다툼을 많이 하기도 했다.

그러나 '세월 앞에는 장사 없다'는 말대로 절개나 의리, 그리고 청렴했던 과거도 이제는 물러가고 거짓말 같이 내 자존심마저 속이고, 물러날 수밖에 없어 자신을 속이기도 한다.

하지만 그래도 양심마저 빼앗기지 않으려면 힘에 겨워 넘어질지언정 이지러져서는 안 되니 용기를 가지고 살아야 곱게 늙는다는 말을 잊지 말자.

095	節	義	廉	退
	마디 절	옳을 의	청념할 렴	물러날 퇴
	절	의	렴	퇴

096	顚	沛	匪	虧
	넘어질 전	넘어질 패	아닐 비	이지러질 휴
	전	패	비	휴

절개나 의리, 그리고 청렴함도 물러남도, 넘어지고 자빠질 때도 이지러져서는 안 된다. 힘들고 지쳐서 넘어져도 용기를 잃지 말라는 말이다. 늙을수록 많이 움직이고 활동해야 한다.

그러나 절개, 의리, 청렴한 것도 늙어지면 시들해지기 마련이다. 인생을 60부터라고 고집하고 살지만 고집일 뿐이다. 마음의 청춘은 청춘이 아니다. 혼자만의 생각으로 용기를 가져 보지만 자신의 생각으로도 '이게 아닌데…' 하면서 남들이 곱게 봐주길 바란다면 그건 지나친 욕심이다.

젊은 오빠나 젊은 언니라는 말도 듣기 좋게 하기 위한 억지소리라는 것을 알지만 싫은 내색하지 않고 기쁘다는 표정으로 받아들이자.

097	性	靜	情	逸
	성품 성	고요할 정	뜻 정	편안할 일
	성	정	정	일

098	心	動	神	疲
	마음 심	움직일 동	정신 신	피곤할 피
	심	동	신	피

본성이 고요하면 뜻이 편안하고 마음이 흔들리면 정신이 지친다. 마음이 움직이면 심기가 불편하니 마음을 편안히 가지자.

사람이 나이가 들거나 조금 출세했다고 우쭐하여 아무도 나를 어려워하지 않는다라고 착각하고 큰소리 좀 쳐보자 할 수도 있지만 나이가 들수록 큰소리커녕 상대방의 눈치를 보아야 한다. 이것이 늙어감의 비애(悲哀)인 것 같다.

직장에 있을 때도 상사의 잔소리가 싫어서 빨리 승진하여 큰소리 좀 쳐볼까 했지만 윗사람 비위 맞추고 아래 부하 눈치 보느라 큰소리 한 번 못하고 산 것 같다. 어쩌다 큰소리 한 번 치려고 했는데 그 소리가 잔소리로 들린다면 아무리 옳은 소리를 해도 듣는 사람의 자유이니 곤혹스러워도 참아야 한다.

099	守	眞	志	滿
	지킬 수	참 진	뜻 지	찰 만
	수	진	지	만

100	逐	物	意	移
	쫓을 축	만물 물	뜻 의	옮길 이
	축	물	의	이

참됨을 지키면 뜻이 가득 차고 물욕을 쫓아가면 뜻도 옮아간다. 물건을 탐내고 욕심이 많으면 마음도 변하는 것 같다. 욕심을 내지만 의심이 많아 용단을 내리지 못하고 미루다 후회하고 있는 사람을 많이 보고 살았다.

지난 다음에 후회는 절대로 현실에 앞설 수 없는 것이다. 후회한다는 것은 다음에는 같은 후회는 하지 마라는 교훈이다.

그러나 같은 후회를 하고 또 할 수밖에 없는 사람이 있는가 하면 절대로 후회할 일을 하지 않는 사람도 있다. 세상사를 너무 긍정적으로 보아서도 안 되지만 너무 부정적으로 보아서도 안 된다. 우리 속담에 계란바구니를 이고 성(城) 밑을 지나가지 못하는 사람은 소심하고 의심 많은 사람이나, 구더기 무서워 장을 못 담근다는 사람은 평생 구수한 된장맛을 볼 수 없을 것이다.

'용단(勇斷)'은 용기 있게 결단을 내리는 것이다. 갈등(葛藤)에서 벗어나 새로운 것으로 옮겨가기 위한 최초 결정의 시점이 용기이다. 패배하고도 흐트러지지 않는 안정(安靜)한 모습, 그런 모습을 보고 싶었는데 오늘 그런 모습을 보았다.

대선 후보경선 과정에서 박빙(薄氷) 즉, 살얼음판같이 얇고 아슬아슬한 차이로 낙선하고도 승자에게 축하를 잊지 않고 지지자(支持者)에게 감사를 보내며, 그리고 백의종군(白衣從軍)하겠다는 담담한 표정이 인상 깊이 남는다.

그러나 그의 지지자들의 행보가 궁금하다. 패자나 승자, 그들 뒤에 줄서 있는 지지자들이 패자에 대한 단심(丹心)으로 앞으로 계속 선전(善戰)할 수 있을까.

승자독식(勝者獨食)하니 패자가 승자를 시기하여 분열되고 승자는 패한 자를 억누르고, 패자를 지지하던 많은 무리들이 승자에 아첨하여 줄서기를 서슴지 않는 비겁한 움직임을 많이 보아 왔다. 이번만은 철지난 철새들의 이동을 보지 않았으면 하지만 두고 볼 일이다.

천자문의 250구절 속에는 과거 선인들이 하신 말씀이 하나도 그른 것이 없다. 우리는 이런 글의 진리를 어려운 한자라고 덮어둔다면 귀중한 보석을 잃는 것이기에 나름대로 설명도 하고 현재 일어나는 사건들에 비유하기도 한다. "사람의 도리를 지키면 그 뜻이 알차고, 군자의 도리를 지키면 품은 뜻도 편안하다. 마음이 불안함은 욕심이 있어 그러니 너무 욕심을 내면 마음도 변한다"라고 다시 한 번 해석해보지만 지키고 실천하기는 쉽지가 않다.

101	堅 持 雅 操				102	好 爵 自 縻			
	굳을 견	가질 지	맑을 아	지조 조		좋을 호	벼슬 작	스스로 자	얽을 미
	견 지 아 조					호 작 자 미			

바른 지조를 굳게 지키고 있으면 좋은 벼슬자리가 저절로 따른다. 벼슬에는 하늘이 준 벼슬과 자기 스스로 얻은 벼슬이 있다. 하늘이 준 인간본성은 갈고 닦아 훌륭하게 되면 자신이 천자와 공경대부(公卿大夫)들을 찾아가지 않아도 그들이 자신을 찾아온다는 말이다.

출세를 원하는 것은 누구나의 소망이다. 출세의 기준은 애매하지만 그것은 각자의 바람이지만 출세를 위해서는 많은 앎을 읽히어 덕을 쌓으면 그를 원하는 사람이 늘어나게 되어 그를 원하는 곳에서 원하는 일을 할 수도 있다. 하지만 앎이라는 실력도 없고 덕을 갖추지 못하면 아무도 그를 반기지 않는다는 것을 안다면 덕을 쌓자.

□ 중화민국(中華民國)

중국(中國)인들은 자신들이 세계의 중심이라고 생각한다. 중앙에 큰 나라 화하(華夏)란 천하의 중심을 차지하고 변방은 오랑캐라 하여 그들로 하여금 섬김을 받으며 사는 나라라 여기고 살았으니 우리는 참으로 황당한 일일 수밖에 없다. 하지만 고구려 이후 사대사상(事大思想)이라는 치욕(恥辱)스런 암울한 역사도 있었으니, 왜 그렇게 할 수밖에 없었을까 뒤돌아 볼 일이다.

우리는 중국의 문물을 받아들이고 그들의 글자를 사용하며 공자나 맹자의 사상을 배웠지만 중국의 사상을 섬긴 것은 아니다.

일부 학자들이 그들의 사상이나 문화에 심취하여 잠시 빠져들어서 중국의 고전이나 천자문 같은 가르침이나 좋은 뜻을 배운다고 사대사상이라 말해서는 안 될 것 같다. 남의 나라 것이라도 좋은 것은 배워야 하고 가르침에 따라 우리 것으로 개발한다면 이것이 재발견이라는 것이다.

지금 우리 주위에는 진보된 사상이나 문화도 있지만 우리와 동떨어진 그릇된 문화들도 넘쳐나고 있다. 이런 것들도 살펴서 받아들여야 차세대에 사대사상이라는 오점을 두 번 다시 남겨서는 안 될 것 같다.

103	都	邑	華	夏
	도읍 도	고을 읍	빛날 화	월나라 하
	도	읍	화	하

104	東	西	二	京
	동녘 동	서녘 서	두 이	서울 경
	동	서	이	경

중국의 도읍 화하는 동과 서에 두 개의 서울이다. 도읍은 왕성(王城)으로 지위(地位)를 말한다. 화하는 당시 중국의 왕도를 지칭하는 말이다. 동서 이경은 중국 주나라 수도가 호경(鎬京)이었으나 유목민의 침입에 위협을 느껴 동쪽으로 옮겼다.

춘추전국시대 주나라의 천도 이후 낙양(洛陽)은 후한(後漢)과 위, 진과 후조, 후한의 도읍지로 번성했지만 원(元)나라, 명(明)나라, 청(靑)나라는 북경(北京)을 수도로 삼았기 때문에 낙양은 변두리 도시로 변하고 말았다.

105	背	邙	面	洛
	등 배	산이름 망	향할 면	강이름 낙
	배	망	면	락

106	浮	渭	據	涇
	뜰 부	강이름 위	의거할 거	강이름 경
	부	위	거	경

북망을 등지며 낙수를 대하여 있고 수위에 뜨면 경수에 의거하였다. 동경은 북망산을 등지고 낙수를 향해 있고 서경은 위수가에 있어 떠있는 듯 경수를 의지함이다.

위수에 뜨고 경수를 눌렀으니 장인은 서북에 위천, 경수 두 물줄이 있다는 지형풀이로 해석할 뿐이다.

ㅁ 불가사의(不可思議)

보통 생각으로 미루어 도저히 알 수 없는 것을 말한다. 그러나 그런 일들이 수시로 일어나고 있어 우리를 놀라게 한다. 놀라운 일들이 너무 많이 일어나니 접어 두려고 했지만 '억!' 하는 소리에 만성이 되어 지나칠 뻔한 쇼킹한 뉴스를 대하니 '세상에!' 하고 할 말을 잃었다.

400억을 아낌없이 드리며, 요구조건은 단 한 가지 자신의 신분이 공개되지 않게 해달라며, 돌아가신 어머니의 유지를 받들어 전 재산을 장학금으로 기부한 여사의 이야기이다.

"내 딸아, 좋다는 것도 해보고 나니 별것이 아니다. 재물에 집착 말고 어려운 이웃을 돕거라."

그 유지를 실천하고도 이름이 알려질까 두려워하는 그 여사야 말로 세상에 불가사의한 존재일 수밖에 없을 것 같다.

세계 7대 불가사의한 것을 새로 지정했다고 한다. 중국의 만리장성, 멕시코 마야유적, 페루의 마추픽추 잉카유적, 브라질 리우데자네이루 예수상, 인도 타지마할, 요르단 페트라유적, 이탈리아 로마의 콜로세움 등이었다. 세계인의 관심 속에 신 7대 불가사의로 선정된, 북방 흉노적을 막기 위해 만든 중국의 만리장성, 인도 무굴제국 황제 샤자한이 왕비의 죽음을 애도해 건립한 타지마할, 프랑스에서 제작해 브라질 리우데자네이루로 옮겨 세운 예수의 상, 멕시코 유카탄 반도에 남은 마지막 유적 치첸이트사의 피라미드, 오만 명을 수용할 수 있는 원형극장인 이탈리아 로마의 콜로세움, 해발 2,430m에 세워진 페루 마추픽추 잉카유적, 아라비아 사막 끝 산악도시 요르단 페트라 유적 등이다.

이런 불가사의한 것들도 새로운 불가사의가 각국의 추첨에 따라 선정되는 것으로 순위가 변할 수도 있지만 불가사의한 것들도 많고 사람마다 다르게 볼 수도 있으니 순번을 정할 수만도 없을 것 같다.

107	宮	殿	盤	鬱	108	樓	觀	飛	驚
	집 궁	큰집 전	소반 반	성할 울		다락 루	볼 관	날 비	놀랄 경
	궁	전	반	울		누	관	비	경

궁전은 빽빽이 서려있고 누관(樓觀)은 정자를 바라다보니 높고 처마가 하늘로 치켜 올라간 모습이 나는 듯 놀란 듯하다고 해석하면 궁전의 화려한 운치를 그릴 수 있을 것 같으니 상상하면 될 것 같다. 궁전은 웅장하고 나무 사이에 서린 듯하다. 누관은 새가 날고 말이 달려 솟구치는 듯하니 과히 아방궁(阿房宮)이라 할 수 있다.

고대 중국의 궁궐을 일컬어 아방궁이라 했다. 진시황의 아방궁이 제일 화려했다고 한다. 진시황제는 천하를 통일하고 수도를 함양에 제국의 중심을 두었고 하나하나 제후국들을 멸망시켜 제후 후궁들과 미녀들, 그리고 악기 등 재산을 빼앗아 똑같은 궁궐을 짓게 하여 그곳에다 옮겨 놓았다 한다. 이런 많은 아방궁도 시황제나 그 후손들이 살지 못하고 진에 반기를 든 항우에게 점령당해 아방궁은 불태워지니 무려 석 달 동안 탔다고 한다.

이런 호사스런 아방궁이 실존했는지는 모르지만 호사스런 생활도 폭정과 방탕한 생활이 남기고 간 남가일몽(南柯一夢) 즉, 한때 영화로운 꿈인 것이다. 우리도 아방궁 꿈을 꿀 수는 있지만 허망한 꿈은 오래 간직하지 말고 가능한 것을 꿈꾸며 살자.

109	圖	寫	禽	獸	110	畵	綵	仙	靈
	그림 도	베낄 사	날짐승 금	짐승 수		그림 화	비단 채	신선 선	신령 령
	도	사	금	수		화	채	선	령

날짐승과 들짐승을 그렸고 신선과 신령을 그리고 색칠하였다. 이 글 역시 권위를 상징하는 상상의 동물과 신선과 신령 그림을 그리고 화려하게 채색하였다는 뜻이다. 궁궐의 벽이나 천장에 군주의 상징인 새나 짐승을 화려한 색채로 그렸다는 말이다.

권력의 상징인 용호(龍虎), 기린(麒麟), 봉황(鳳凰) 중에서 호랑이를 제외하고는 모두 상상의 동물들이다. 왕권을 상징하는 용호, 봉황, 기린이나 장수를 대표하는 거북이나 학, 사슴 같은 십장생들을 벽이나 천장에 그려 넣어 무병장수하여 왕권의 영원함을 원했다. 영원불변은 존재할 수 없다는 것을 우리는 알고 있지만 욕심을 쉽게 버릴 수 없는 것이 인간의 한계인 것 같다

111	丙 舍 傍 啓				112	甲 帳 對 楹			
	세번째간 병	집 사	결 방	열 계		첫번째 갑	휘장자 장	대할 대	기둥 영
	병 사 방 계					갑 장 대 영			

병사(세 번째 궁전건물)는 열려 있고 갑장(황제의 침상) 기둥을 대한다. 아름다운 갑장은 첫 번째 휘장 군막을 뜻하는 것으로 풀이하고, 방계는 동방삭이가 갑장을 지어 황제가 잠시 머무르는 황제의 처소로 해석해보자.

갑은 첫 번째라는 뜻도 있고 거북이 등으로 갑옷을 말하기도 하지만 이곳에서는 군막의 화려한 규모를 표현한 말로 아름다운 휘장과 큰 기둥들이 마주 보며 둘러앉아 있다고 생각할 뿐이다. 동방삭은 기언(奇言), 기행(奇行) 즉, 기이한 말이나 행동을 가진 묘한 재능을 가진 사람으로 황 무제의 총애를 받아 수십년간 높은 벼슬을 지냈으나 재산을 미녀들에게 탕진하고 광인(狂人)이 되어 버린 사람으로 한때는 부국강병(富國强兵)책을 강조했으나 받아들여지지 않아 구호로만 그치기도 하였다.

<답객난(答客難)>이나 <비유선생지론(非有先生之論)> 등 시문을 남기기도 한 사람이지만 전설에 의한 말처럼 천도복숭아를 먹고 오래 산 삼천갑자 동방삭이인지 알 길이 없다.

우리 할머니의 구전에 의하면 삼년 고개에서 넘어지면 삼년밖에 못산다하여 그곳에서 삼천 번을 굴러 삼천갑자를 산 사람이라는 옛날이야기도 어려서 들었지만 그 전설도 궁금한 이야기이다. 이런 이야기는 지금 눈을 감고 있어도 보이는 것 같으니 마음으로 보는 과거로의 여행인 것 같다.

ㅁ 그 소리가 그 소리

드디어 미국산 쇠고기가 들어왔다고 소란하다. 그렇게 반대를 하고도 체통도 없이 백화점에 쌓인 고깃덩어리를 먼저 살려고 아우성인가 하면 그것을 저지하겠다고 백화점 안으로 난입하는 단체들도 있다. 이렇게 싫어하는 물건들을 들여올 수밖에 없고, 팔아야 하고, 팔면 내 것이 타격을 받으니 막아야 하는 등 다들 저마다 이유가 있다.

그러나 그런 사연이 있는 그것을 먼저 사려고 아우성치는 이들은 누구인가. 값싼 미국산 쇠고기가 들어오면 국내 한우 농가만 피해를 보는 것이 아니다. '덩달아'라는 말 대로 돼지고기나 닭고기 소비가 줄어들고 값싼 고기로 배를 채우니 쌀 같은 곡물의 소비도 줄어든다. 이런 것을 도미노 현상이라 한다.

내 이웃이 피해를 보는데 그것을 꼴사나운 줄서기를 해 가면서 꼭 사야만 하는가. 자동차나 전자제품을 팔아 그 이익금으로 농민을 돕는다는 원리로 협상했지만, 돕는 것과 도움 받는 것이 국익에 도움이 된다 하지만 전체적으로 일어나는 파급을 생각한다면 제살 깎아먹는 행위를 하고 있다.

'세일한다, 떨이다' 하면 많은 인파가 몰려든다. 꼭 사야할 물건을 싸게 살 수 있으니 기회일 수 있다. 싸고 좋은 물건을 대하니 욕심이 나서 잔뜩 사 가지고 와서 후회하는 행위는 삼가자.

환율이 떨어지고 불황이 계속되니 여행사 간에 경쟁이 일어나 관광도 세일한다고 하니 우르르 해외로 나가 추태를 보인다. 무역은 흑자를 이룩했는데 관광은 적자가 늘어난다. 싹쓸이 구매에 도가 튼 우리 한국인들의 기질(氣質)도 이제는 변해야 한다.

나도 여러 번의 단체 여행으로 국외를 다녀왔다. 그때마다 곳곳에서 만나게 되는 한국인의 씀씀이에 놀랐다. 여행경비를 아끼려고 배낭여행객도 있는가 하면 비싼 양주를 먹을 수 없어 팩소주를 주머니에 넣고 식당에 들어가 물 컵에 부어 마시던 기억도 떠올려보자.

귀국할 때 양주 두어 병은 필수라는 그릇된 생각도 이제는 구식이다. 귀중한 외화를 남기어 돌아온다면 다시는 IMF는 없을 것이다. 외제만을 선호하던 세월도 지나갔다. 이제 국산을 사용하려 해도 값이 싼 외제 때문에 국산을 가려내기가 쉽지 않게 되었으니 국산애용이라는 말은 국산을 즐겨 사용한다는 말이지만 국산 구하기가 어렵다는 말로 바꾸어 사용해야 할 것 같다.

과거 자신의 부나 명성을 과시하기 위하여 무리를 해서라도 값비싼 양주를 마시는 것을 자랑으로 여기며 그런 것을 동경도 했다. 그러나 우리의 식탁이나 연회 장소에서 값이 싼 우리의 술인 소주를 즐기는 사람이 날로 늘어나고 있으며 양주보다 소주를 즐긴다고 창피하다 여기지 않는다. 지금은 모임이나 연회도 과거에 잔치의 개념과는 다른 음식을 즐기는 것보다 품위 있는 참석을 한다는 얼굴 알리기로 변해간다.

생활수준이 향상되니 과거의 연회석상에서 배부르게 먹고 마시며 즐기는 것이 아닌 참석의 의미로 상대방에게 예의를 하는 것이다.

<table>
<tr><td rowspan="3">111</td><td colspan="4">肆 筵 設 席</td><td rowspan="3">112</td><td colspan="4">鼓 瑟 吹 笙</td></tr>
<tr><td>베풀
사</td><td>대자리
연</td><td>베풀
설</td><td>자리
석</td><td>두드릴
고</td><td>비파
슬</td><td>불
취</td><td>생황
생</td></tr>
<tr><td colspan="4">사 연 설 석</td><td colspan="4">고 슬 취 생</td></tr>
</table>

돗자리를 깔고 잔치를 베풀어 비파를 두들기고 생황을 불며 잔치를 열다. 비파를 연주하고 피리를 불며 흥을 돋우니 큰 잔치는 더욱 고조된다. 자리를 만들어 놓고 방석도 준비했다. 풍악을 울리고 가무도 즐기는 연회(宴會)장소를 연상해보자. 이런 상상만으로도 우리가 늘 보는 영화의 화려한 화면이 떠오를 것 같다.

과거 제왕들의 화려한 생활의 궁중 잔치는 제왕 자신을 위해서 혹은 문무백관이나 외국의 사신, 그리고 지방의 제후들을 초빙하여 왕권을 과시하며 자신의 권위를 강조하기 위한 수단으로도 이용했다. 그러나 제왕 앞에서 마음 놓고 즐길 사람이 있겠는가 하는 의문도 든다.

무엇을 얻으려고 머리를 조아리기도 하고, 마음에 없는 아부도 늘어놓고, 고자질하는 것들을 염탐하고, 눈치도 살피며 즐겁기도 하고 불안하기도 하고, 흥이 있어도 다 같이 즐겁지 않은 연회….

최후의 만찬이라는 명화도 생각나게 한다. 또한 궁정동 연회석상에서 있었던 총성도 연회라는 먹고 마심의 자리에서 일어난 일이지만 그 분위기는 알 길이 없으니, 단지 그런 것을 화려하지만 불안한 연회라 생각할 뿐이다.

115	陞	階	納	陛	116	弁	轉	疑	星
	오를 승	섬돌 계	들일 납	섬돌 폐		고깔 변	구를 전	의심할 의	별 성
	승	계	납	폐		변	전	의	성

섬돌(비를 피해 들여 놓은 돌)에 올라 납폐하니 고깔에서 움직이는 것이 별인가 의심한다. 많은 사람들이 관을 쓰고 모여드니 관에 달린 구슬이 밤하늘에 별처럼 번쩍거리니 별로 착각한다는 말이다.

이런 옛 글을 시대감각에 맞게 정확히 해석한다는 것은 무리일 것 같다. 다만 영화에서 본 바대로 문무백관이 계단으로 오르며 임금에게 납폐(納幣, 진상품을 올리는)하는 절차로 왕에게 잘 보이려고 모여든 많은 사람들의 화려한 치장이 번쩍인다 한다면 과히 틀린 해석이 아닌 것 같다.

다만 사람의 취향이나 자기의 이해관계 때문에 논란을 빚기도 하지만 글 전체에 담긴 비밀을 알 길이 없다. 계(階)는 섬돌계단(階段)으로 신하들이 오르는 길이며 폐(陛)도 섬돌로 된 계단이지만 왕만이 오르내릴 수 있는 계단이다.

□ 오만(傲慢)한 인간

오만하지 않은 인간으로 살자. 자기보다 약점이 있는 사람에게 자기를 과시하며 상대를 멸시하여 허세를 부리는 것을 오만이라 한다. 거만해지고 남을 얕잡아 업신여기는 것이 우리의 인간 세상이다.

자가도취라는 말이 있다. 혼자만의 생각으로 대세론을 내세우며 "이 나라가 나를 원한다. 내가 나서야 이길 수 있다"라며 지지론 같은 것은 생각지도 않고 우선 나서서 도전하려고 하는 사람이 너무 많으니 갈팡질팡한다.

세상일을 쉽게 생각하는 사람, 나만이 제일이라고 착각하는 조금 유명한 사람, 그 조금을 크다고 착각하는 것이 오만방자하다는 말을 만드는 것이다.

국민 의식 수준이 높아졌으니 조심해야 한다. 되도록 톤을 낮추고 여론에 귀를 기울여보자.

내 생각이 옳다는 직설적인 말은 경(輕)해 보여 비난받을 일이 생긴다. 그러니 차분하게 한 번 생각하고 천천히 말하는 것이 좋을 것 같은데 성격이 급하다 보니 실수가 생기고 비난이 마구 쏟아지면 수습하기가 곤란하다.

나도 급한 성격으로 종종 곤욕을 치른 적도 많았다. 오만방자한 것이 아니라도 급한 성격으로 한 권의 책을 읽어도 정독하지 못하고 난독(亂讀)하다 보니 전체를 모르고 줄거리 정도만 아는 것이 대부분이다.

하루에도 수백 권의 책들이 쏟아져 나오는데 그 많은 책들이 과연 얼마나 읽혀지는지 알 수 없지만 많은 책을 읽으려면 속독법을 사용해야 한다.

그런 것을 배우지 못해서 나만의 속독법으로 첫 장, 중간, 그리고 끝의 순서로 눈으로 읽는 것이다. 책장을 넘기며 눈으로 훑어보며 지나가면 중요한 구절이 눈에 띄게 되어 잠시 멈추었다 지나가는 것이 나의 속독법이다. 이런 속독법은 많은 책을 대할 수 있지만 놓치는 부분이 많으니 이런 것도 나의 방자한 오만인 것 같다.

짧은 시간에 많은 책을 보아 요점만을 많이 아는 것이나 많은 시간이 걸려 적은 것을 정확히 아는 것이나 다들 장단점이 있을 수 있으나, 그래도 폭넓게 아는 것은 속독법의 덕택으로 생각한다. 이런 속독법으로 살아온 것이 지나간 나의 과거 인생살이이며 많은 것을 경험하고 체험도 했지만 속속들이 알지 못하고 지나친 것들이 있기는 있으나 없는 것으로 알고 살았을 뿐이다.

세살 버릇 여든까지 간다고 했다. 지금도 그런 버릇을 멈출 수 없는지 이따금 친구들과 만나면 '고'라는 카드놀이를 한다. 삼백여 쪽의 책 내용도 어느 정도 기억하는데 48장의 카드쯤이야 하고 얕잡아 보다가 큰 코를 다치기도 한다. 48장의 카드놀이는 너무 싱거우니 보너스로 두서너 장 추가하여 놀이를 즐긴다.

그 행운을 잡으려고 속독법을 사용하기도 한다. 눈치로 행운의 패를 더듬어본다. 짐작으로 '이쯤에…' 하고 알아차리면 끈이라 하지만 알아맞힐 확률 또한 반반이니 맞으면 행운이요, 빗나가면 오히려 적에게 승리를 줄 수 있으니 이 또한 약삭빠른 고양이 밤눈 어둡다는 속담대로 헛다리 짚는 반반의 확률일 뿐이다.

이런 실력으로 250구의 천자문을 그저 눈에 보이는 대로 마음 내키는 대로 적어가고 있으니 내가 '옳다'고 하고, 남들은 '아니다'라고 해도 서운해 할 이유도 없고, 누가 교열(校閱)하여 설명해 주길 바라지도 않는다.

117	右通廣內				118	左達承明			
	오른 우	통할 통	넓을 광	안 내		왼 좌	달할 달	이을 승	밝을 명
	우 통 광 내					좌 달 승 명			

오른쪽은 광내 서고로 통하고 왼쪽은 승명전으로 통한다. 오른쪽 안으로 통하는 광내는 나라의 비서(秘書)를 보관하는 집을 말하고, 왼쪽은 승명에 이르니 이곳이 사기(史記)를 교열하는 곳이다. 비서나 사기를 정리하여 보존하는 서고와 서재가 좌우에 있다는 말이다.

교열(敎閱)은 군대의 훈련 및 검열을 뜻하는 말이며, 교열(校閱)은 원고를 정리하고 편집하여 책이나 서류를 바로잡아 고치며 검열하는 것을 말한다.

119	旣	集	墳	典	120	亦	聚	群	英
	이미 기	모을 집	책 분	법 전		또 역	모을 취	무리 군	빼어날 영
	기	집	분	전		역	취	군	영

이미 고대서적을 모았고 또한 여러 빼어난 인재를 모았다. 여러 우수한 영웅들을 모아 분전을 강론도 하고 나라를 다스리는 도를 논한다.

나라를 다스리는 데 기본이 되는 삼분(三墳)과 오전(五典)을 모으고 많은 인재(人才)들도 모았다. 고대 중국은 나라를 다스리고 권력을 유지하기 위해 반드시 옛 기록과 문헌을 모았고 유능한 인재를 많이 등용하였다.

현명한 인재야말로 부국강병의 기초이기에 옛 문헌과 기록을 바탕으로 왕권의 통치이념을 정당화하기 위한 근거로 삼은 것 같다.

삼분은 삼황이 지은 책으로 신농(神農)농업의 신이며 중국문화의 창조자라고도 한다. 이런 흥미로운 중국역사는 신화인지 전설인지는 알 수 없지만 그들의 문화가 우리에게로 전래되고 같은 한자권의 역사 속에서 살았기에 기초 정도는 알아야 하지 않을까 생각한다.

121	杜	藁	鍾	隷	122	漆	書	壁	經
	막을 두	볏집 고	쇠북 종	서체이름 례		옻칠할 칠	글 서	벽 벽	책 경
	두	고	종	례		칠	서	벽	경

두고와 종례의 서체(書體), 옻칠로 쓴 경전이 벽 속에서 나왔다. 두고 종례는 초서와 예서를 말한다. 한자의 서체(書體)는 모두 다섯 가지다. 한자가 사용된 것은 6,000여 년 전이라고 한다. 그러나 문자의 체계를 갖춘 것은 3~4천 년 전으로 추정하고 있으며 그 형태와 사용 방법에 변화를 겪으면서 춘추시대에 이르러 각 제후(諸侯)들의 글 쓰는 방법에 따라 글자형태가 달라졌다고 한다.

이런 글들 중에서 상서, 논어, 효경을 벽 속에 숨겨 놓았으니 이것이 죽간에 옻칠을 해서 벽 속에 숨겨 분서(焚書)를 피해 숨겨진 경전이라고 한다. 돌로 된 벽에서 발견된 상서와 육경도 비치 되어 있다는 말은 아주 흥미로운 이야기지만 벽 속에 감추어진 이 죽간이 발견되기 백 년 전 이야기이다.

공자가 길을 가다가 웬 여인이 통곡하며 슬피 울기에 사연을 물어보니 이곳 사당에는 천년 묵은 지네가 1년에 한 번씩 나타나 사람을 마구 해치므로 이를 피하려고 미리 처녀를 바쳐 제를 올리는데 자기 딸이 제물로 뽑혀 죽게 되었다 한다.

이런 이야기를 들은 공자는 걱정하지 말라고 안심시키고 딸 대신 자신이 재물이 되겠다고 자처하여 제당에 들어가 앉아 있었다. 과연 거대한 지네가 시퍼런 독기를 토하며 공자를 먹으려고 덤벼드니 공자는 도력(道力)으로 버텼다. 지네는 있는 힘을 다해 독기를 품어내도 도력을 당하지 못하고 마침내 독기가 다 소진되어 쓰러져 죽고 말았다.

이튿날 마을 사람들이 와서 보니 공자는 멀쩡하고 큰 지네가

죽어 있어 기이하게 여기며 지네를 장작불로 화장시키니 지네는 새파란 불기둥이 되어 하늘로 올라가 버렸다.

공자는 '아차! 저 불덩이가 백년 후에 나를 괴롭히겠구나…' 하며 후회했다고 한다.

그로부터 백년 후 분시서갱유(焚詩書坑儒) 사건으로 불타버린 사서오경이 공자의 증손이 살고 있는 오두막집 벽 속에서 일곱 권의 책이 나왔다는 이야기이다.

□ 구관(舊官)과 명관(名官)

새것이 아무리 좋아도 옛것만 못하다는 말이다. 현 정치인이 아무리 잘난 척해도 옛 정치인이 나라를 잘 다스렸다고 할 수 있다. 즉 오래된 관리가 경험도 있고 다스림의 노하우인 지기(知己)를 발휘해서 정확한 판단으로 현명한 판단을 내릴 수 있다는 말이기도 하다.

경험이란 중요한 자산이다. 노마지지(老馬之智)라는 말도 있다. 제나라 환공(桓公)이 산 속에서 길을 잃고 헤맬 때 관중(管仲)이 늙은 말을 풀어놓고 그 뒤를 따라가 마침내 길을 찾았다는 고사에서 유래된 말로 경험과 숙달이 지기를 발휘할 때가 있다는 말로 사용되기도 한다. 그러나 구관이라고 다 명관은 아니지만 요즘은 새것, 새로운 것만을 찾는 것 같다.

책도 구간(舊刊)들이 창고에 쌓여있다고 한다. 그래서 신간(新刊)에 끼워 팔기 '1+1 하나 더'라는 말이 유행한다. 백화점에서도 두 가지 물품을 테이프로 묶어 하나의 가격으로 파니 불티나게 잘 팔리는 것을 보고 착안한 것인지는 몰라도 잘 팔리지 않는 구간의 책을 신간에 끼워 팔다보니 오히려 신간보다 더 인기를 얻을 수도 있다고 한다.

잘 팔리지 않는 음료수를 잘 팔리는 음료수에 끼워서 같은 가격으로 팔아서 매상고가 두 배로 늘었으니 상술치고는 성공한 것이다. 책도 물품이지만 생필품과는 차원이 다른 정신적 산물이다. 작가의 정신적 세계를 엿볼 수 있는 학술적·교양적 소산물을 일반 음료수 판매하듯 한다면 저자를 모독하는 행위일 것 같다. 하지만 그렇게 해서라도 지적 소산물이 여러 사람들에게 알려진다면 과히 허물이라 할 수만도 없지 않을까 생각도 해본다. 신간 때문에 구간이 빛을 볼 때도 있으니 이런 것도 구관이 명관이라 할 수 있다면 삐뚤어진 불균형(不均衡)의 세상이 균형 잡힐 것도 같아 이것저것 적어 본다.

해리포터의 결말 <죽음의 성도> 마지막편인 그 책을 사기 위해 이틀 전부터 영국 런던 서점 앞에 줄을 서서 기다리고 있다고 한다.

세계적인 베스트셀러 해리포터 시리즈 7편이 오늘의 지구촌을 축제로 몰고 가는 그 책이 1,200만 부가 발간된다고 한다. 책 읽기를 싫어하는 현실이지만 역시 훌륭한 창작 글은 읽지 않고서는 견딜 수 없는 마법을 지닌 것 같다.

1997년 1편이 나온 이래 10년 동안 3억 2천만 부가 팔린 슈퍼 베스트셀러이다. 그런 책이 국내에서도 번역본이 천백만 부가 팔린 책인데도 다 읽어보지 못해서 아쉬울 뿐이지만 금년 말 번역본이 나온다니 기대해보자.

<죽음의 성도>가 판매도 되기 전에 세상을 요란스럽게 하는

비결은 무엇인가. 많은 사람이 감탄도 하지만 개중에는 비난도 하는 사람이 있기 마련이다. 사람마다 느낌이 다르니 신비스럽기도 하고 의아하게 생각도 하고 마법에 빠져서 환호도 하겠지만 전 세계 인구가 공감하는 것은 아닐 것이다. 작가 조앤 롤링이 강조하는 죽음, 누가 죽었나를 알려고 하면 더 알고픈 것이 소설이지만 역시 놀라운 글임에는 틀림이 없을 것 같으니 성급하게 굴지 말고 번역본이 나올 때까지 기다려보자.

1	府 羅 將 相				1	路 夾 槐 卿			
2	관청 부	벌릴 라	장수 장	정승 상	2	길 로	낄 협	홰나무 괴	벼슬 경
3	부 라 장 상				4	노 협 괴 경			

관청에 장수와 정승이 벌려 있고 길은 괴경(공경대부의 집)을 끼고 있다. 문무백관이 도열해 있고 주위에는 고관대작들의 집이 즐비하니 과히 왕이 사는 궁전일 것 같다.

우리나라 왕이 머무는 곳인 청와대(靑瓦臺)는 푸른 기와집을 말하며, 미국은 백악관(白堊館)이라 한다.

우리의 대통령이 거처하는 곳을 청으로 물들였다. 우리는 청, 푸른 것을 좋아하는 것 같다. 단청(丹靑)은 붉고 푸른 것이며 특히 우리 민족은 붉은 것을 성(聖)스럽게 생각하고 살았다.

그러기에 왕의 상징인 용포(龍袍)는 붉은색이다. 우리 축구팀의 유니폼도 빨간색이며 그들을 응원하는 우리들의 붉은 물결로 인해 '붉은 악마(Red devil)'라는 이름의 고유명사가 탄생하기도 했다.

붉은색을 논하다 청이 나오니 이상타 하겠지만 '청실홍실' 하는 우리 문화의 조화로움을 이해하면 될 것 같으니 더 이상 설명도 필요 없다.

청과 백도 논했는데 백은 흰 것이 아니라 무(無)이다. 악(堊)은 흰 백토(白土)로 벽에다 흰 석회를 칠한 관청(館廳)이다. 관은 공무를 집행하는 곳으로 사용하는 건물이다. 사람이 상주하지 않는 건물로 공무상 묵는 곳이라 표현하는 것이 나의 해석이지만 더 이상 머물고 싶어도 머물 수 없는 냉정한 곳이기도 하다. 우리의 청와대나 미국의 백악관도 주어진 자에게 주어진 기간동안만 머무를 수 있는 곳이다.

그러면 외신에 자주 등장하는 조어대(釣魚臺), 그곳이 궁금할 것 같다. 그곳도 같은 곳인가 궁금하니 그곳으로 가보고 싶지만 언감생심(焉敢生心) 꿈도 못 꿀 일이지만 '알 권리'가 보장된 민주주의에서 살기에 아는 대로 알아본들 죄 될 일이 아닌 것 같다.

조어대는 글 자체로 풀이하니 '낚시터'라 한다면 아무도 탓할 사람이 없을 것 같지만 '무식한 놈, 그것이 어찌 낚시터인가'라고 한다면 더 자세히 설명할 수밖에 없다.

이는 중국 외교부 산하에 있는 영빈관이라고 결론부터 내리고 보자. 중국에는 그들 나름대로 유구한 역사와 문화를 가지고 있기에 낚시는 아무나 할 수 있는 것이지만 격(格)이나 목적은 큰 차이가 있기 마련이다.

주나라 강태공이 주왕에게 등용되기 전에 곧은 낚시로 세월을 낚았다고 하는데 그가 제시하는 고뇌의 세월을 소인배들이 어찌 알리오….

어부는 생계를 위하여 고기를 낚고, 정치인은 때를 기다리며 세월을 낚는다는 표현으로도 설명할 수 없는 조어대를 알아보자.

중국에는 그들이 자랑하는 무궁무진은 아니지만 땅 넓이만큼이나 많은 색다른 문화를 가지고 있음을 부인하지 않는다.

강태공의 조어대, 장자 조어대, 한신 조어대 등 유명한 조어대가 많이 있는데 역사적 사연과 등장인물이 남긴 사연도 가지가지이지만 다 열거할 수도 없다.

북경 조어대는 금나라 장종(章宗) 완안 경이 낚시하던 곳이며 예로부터 망해루(望海樓)라고 불러왔다. 청나라 건륭황제는 이곳을 유람하다가 경치에 감탄하여 '조어대'라고 세 글자를 써 주었는데 지금 중국의 국빈관으로 사용되는 신비의 베일에 싸인 베이징의 영빈관이다. 과거 황궁의 낚시터가 지금은 중국 지도자가 외국의 수반을 접대하고 국제대회를 개최하는 세계의 낚시터가 된 것 같다.

125	戶	封	八	縣	126	家	給	千	兵
	집 호	봉할 봉	여덟 팔	고을 현		집 가	줄 급	일천 천	군사 병
	호	봉	팔	현		가	급	천	병

집에 여덟 고을을 봉하여 주고 집에 일천의 군사를 준다. 국가에 공을 세운 제후들에게 천 명의 군사를 주어 그 집을 호위케 하였다는 말이다. 개인 경호원이다.

지금도 국가원수나 유명인사에게는 경호원으로 하여금 신변을 보호하게 한다. 법이 없어도 살 수 있는 사람들이 많은 세상에서는 경호원도 필요치 않고 죄를 짓지 않으면 해칠 사람도 없는 그런 세상이 그립지만 온통 세상이 뒤숭숭하다.

알카에다 무리들이 9·11 테러를 일으켜 세계를 경악(驚愕)시키고 크고 작은 자살폭탄(自殺爆彈) 사건과 피랍(被拉), 억류(抑留)라는 섬뜩한 사건들이 연이어 일어나고 있다.

아프간 탈레반 무장세력이 봉사활동 중인 우리나라 국민을 피랍하여 자기들의 요구조건을 관철하기 위하여 갖은 수법을 다하다 결국은 아까운 생명을 무참히 앗아가고 말았으니 종잡을 수 없는 무서운 세상이다. 법이 없어도 살 수 있는 사람은 있어도 법이 소용없는 세상인 것 같다. 돕는다는 것, 그것도 다 좋은 것만도 아니다. 나의 적을 도우면 그 역시 적이 된다.

돕는다는 것도 도움 받는 자의 입장 차이가 있으니 사상적 분쟁이나 종교적·경제적·인종적 분쟁의 공포 속으로 몰고 가지만 어떠한 명목으로도 존귀한 인명을 해침은 용서할 수 없는 비인간적인 행위이며 정당화 할 수 없다.

<table>
<tr><td rowspan="3">127</td><td colspan="4">高 冠 陪 輦</td><td rowspan="3">128</td><td colspan="4">驅 轂 振 纓</td></tr>
<tr><td>높을 고</td><td>갓 관</td><td>모실 배</td><td>손수레 연</td><td>몰 구</td><td>바퀴통 곡</td><td>떨칠 진</td><td>갓끈 영</td></tr>
<tr><td colspan="4">고 관 배 연</td><td colspan="4">구 곡 진 영</td></tr>
</table>

높은 갓 쓰고 임금의 수레를 몰며 모시려니 갓 끈이 휘날린다. 높은 사람이 행차하면 주위에 수행하고 영접하는 무리들이 번거롭게 된다는 말이다.

우리들 주위에는 예기치 못한 사고나 사건이 많이 일어나고 있다. 자연재해나 사건사고가 나면 윗사람 된 도리로 찾아가 상황을 판단하고 위로하며 합당한 대책을 세워야 한다.

그러나 과거에는 높은 분의 경호와 담당 관리들의 책임 회피나 아첨으로 사건을 축소도 하고 은폐(隱蔽)하려다 보니 수행원들이나 피해 당사자들이 분주하고 불편을 느끼는 일들이 많이 일어나기도 했다.

129	世	祿	侈	富	130	車	駕	肥	輕
	대대로 세	녹 록	사치할 치	부자 부		수레 거	멍에 가	살찔 비	가벼울 경
	세	록	치	부		거	가	비	경

대대로 녹을 내리니 사치스럽고 부유해진다. 수레 끄는 말은 살찌고 멍에는 가벼워진다. 태평성대(太平聖代)는 나라를 잘 다스리고 살기 좋은 때를 말한다.

모두가 편하니 말도 살찔 수밖에 없고 하는 일도 힘들지 않는다는 말이다.

우리는 정치적 · 경제적 안정 속에서 행복을 추구하며 살길 원한다. 그러면 국가를 다스리는 관리도 힘들지 않아서 태평가를 부를 것이다.

131	策	功	茂	實	132	勒	碑	刻	銘
	문서 책	공 공	무성할 무	열매 실		새길 륵	비석 비	새길 각	새길 명
	책	공	무	실		늑	비	각	명

책공(공을 기록함)을 하니 성하며 실하여 비석에 새기고 명에 새긴다. 공을 찬미하기 위하여 이름을 새긴 비석을 세우는 것이다. 즉 공덕(公德)비이다.

배품(拜稟)을 행한바 크고 자랑스러워 그것을 기리기 위해 후대 사람들이 세워 그의 뜻을 기리려는 것이다. 그런 공덕비를 자기를 과신하기 위하여 어질다는 것을 공치사하기 위하여 자기의 권력이나 금력으로 주위 사람을 충동질하여 세워진 공덕비도 많은 것 같다. 흔해빠진 공덕비 공해이다.

조그만 도로개설이나 하천의 보잘것없는 졸작품의 다리나 새마을 도로에도 면장 누구, 군수 누구라고 쓰여 있다. 그 고장에 재직 중인 공무원이 그 만한 공도 안 들이면 무엇을 했단 말인가 할 정도로 유치한 내용도 있는 것 같다.

공이 있으면 논공행상(論功行賞)해야 한다. 그러나 그 공보다 몇 배 큰 업적도 사양하는 사람도 있다는 것을 안다면 조그만 공을 부끄러워할 줄 알아야 한다.

□ 심복(心腹)

심복이란 '마음으로 정성을 다하여 복종함을 말한다'라고 한다면 '지금이 무슨 군주시대냐'라고 할 것 같다.

복종도 심복도 지금은 선택의 자유라고 한다면 많은 변천을 거쳐 자유민주주의도 발전한 것이리라. 어제의 군신(君臣) 사이가 오늘은 적이 되어 가고 있다. 결별(訣別)을 선언하고 어제까지 몸담아온 그곳을 탈출하여 모시던 분을 비방도 하고 어제의 적에게 합류하는 기이한 현상이 일어나는 때가 선거철이다.

이런 인사들을 기회주의자라 하지만 더 이상 그와는 상대할 가치를 잃는다면 심복으로 남아봤자 득이 없을 것이다. 그의 정보를 가지고 적에게 투항한다는 논리를 과거에는 역전이라고 했다. 하지만 민주주의에서는 갈등으로 해체되고 재결합되는 것은 당연한 것으로 아는지 해체·이탈하여 재결합하는 일들이 여기저기서 일어나고 있다. 이것은 정권교체라는 시점에서 자기가 지지하는 지도자를 꼭 당선시키려 하기보다 차기 혹은 그를 배경으로 유리한 것을 얻으려는 이동(移動)인 것 같은 인상이 풍긴다. 매번 이런 헤쳤다 모이는 제식훈련의 구호 같은 현상을 어김없이 또 볼 것 같다.

'통합 한다'는 여러 개보다 하나로 뭉친 것이 큰 힘을 가지는 것이지만 '통폐합 한다'는 말은 함부로 사용하면 안 될 것 같다.

기자실을 통폐합 한다 하니 '반민주'니 '언론의 자유를 구속하는 처사'라느니 반대도 하고, 오만하고 모순된 것이라 공방도 서슴지 않는다. 이것이 민주주의 시대이기 때문에 할 말을 하고 사는 자유인 것 같다.

대통령은 국가와 민족을 대표하는 국가의 수장인 왕이며 엄밀히 말해서 공무원의 장(長)이기도 하다. 공무원은 여야(與野)의 다툼에서 중립을 유지해야 한다고 법으로 잠금 장치를 해놓았다. 그런데 그런 한계가 불분명하기에 어느 정도가 위헌인지 그것을 일일이 법 해석을 받아가며 말한다면 참으로 힘든 세상이 될 것 같다.

왜 이렇게 어지럽게들 사는가. 꼭 할 말 다하고 살 수는 없지만 할 말을 못하고 사는 것도 고역일 수밖에 없으니, 이런 말을 하면 이렇게 받아치고 저런 말을 하면 저렇게 받아넘기는 적반하장(賊反荷杖)이다. 손바닥 뒤집듯 오락가락하는 세상에 나도 할 말 좀 하고 싶지만 '뉘 집 강아지가 짖는구나'라고 할 것 같으니 함구(緘口)할 수밖에 없다.

꼭 할 말이라고 한들 그 말이 전부를 위하는 말이 될지, 아니면 연못에 무심코 던진 돌로 개구리가 맞아 머리를 다쳤다면, 개구리는 피해를 변상 받아야 하지만 약자인 개구리는 당할 수밖에 없다. 그러나 사나운 사냥개가 지나가다 맞았다면 으르릉대고 달려들 것도 같은데 하는 생각이 드니 하고픈 말이라도 참는 것이 나을 것 같다. '벙어리 냉가슴 앓는다'는 실감나는 말을 이렇게 사용하고 보니 그 말이 고마울 뿐이다.

바른말을 많이 해도 잔소리라 여기는 세상이지만 바른말은 해야 바른 세상이 될 수 있다. 바른말을 한다는 것을 반론이라고 하며 반론(反論)은 정당해야 한다.

반론은 '거짓말을 할 권리까지 준 것은 아니다'라는 판례도 있다. 거짓임을 알고 한 반론보도는 법적보호 밖에 있는 것이어서 자기변론에 대한 반론도 함부로 하면 안 된다.

심복이 변하여 옛 주인을 비방해도 할 말이 있는 세상이니 그 사연의 반론이 정당했으면 하지만 베일에 싸여 종잡을 수 없어 아쉬울 뿐이다. 심복이니 실세니 하여 과시하며 누릴 만큼 누리던 정치·경제인들의 심복들도 열심히 반론하지만 거짓말을 할 권리까지 인정한 것이 아니니 정당한 반론을 듣고 싶다.

심복이 돌변하여 나라를 차지하고 안방 주인행세를 하는 세상이니 예나 오늘이나 심복의 변심은 항상 경계해야 한다.

133	磻 溪 伊 尹			
	반계 반	시내 계	저 이	다스릴 윤
	반 계 이 윤			

134	左 時 阿 衡			
	도울 좌	때 시	언덕 아	저울대 형
	좌 시 아 형			

주나라 문왕은 반계에서 강태공을 맞고, 은나라 탕왕은 신야에서 이윤을 맞았으니 이들은 때를 도운 아형(재상)이다. 때맞추어 임금을 도우니 그는 재상이라는 말이다.

우리는 역사 속에서 '개국공신'이라는 말들을 많이 들었다. 소서노는 고구려 주몽을 도와 나라를 세우고, 이성계는 고려(高麗)

장수로서 위화도에서 회군하여 조선을 세울 때 공신들의 역할을 잘 알고 있다.

또한 간신배의 농간으로 나라를 팔아먹은 매국노(賣國奴)들로 인해 나라를 되찾기 위해 많은 고초를 겪었다.

그 후 그런 나라를 잘 다스리지 못하는 무리가 있어 그들을 바꾸려고 하니 쉽지가 않아서 부당한 방법을 동원하는 것도 보고 살았다. 그런 바꿈이 정당치 못한 것 같았지만 그들을 설득할 힘이 없어 아무 말도 못했다.

이제는 어느 정도 힘을 기른 사람들이 늘어났고 바꿈도 정정당당해야 한다는 것을 알고 있지만 속이려는 버릇은 아직도 버리지 못하는지 소란스럽고 보기 흉한 꼴이 도처에서 일어나고 있다. 이제는 베끼는 것도 바꿔야 바로 바꿀 수 있다.

135	奄 宅 曲 阜			
	어루만질 엄	편안할 택	굽을 곡	언덕 부
	엄 택 곡 부			

136	微 旦 孰 營			
	아닐 미	아침 단	누구 숙	경영할 영
	미 단 숙 영			

어루만져 곡부를 편안하게 하니 단이 아니면 누가 경영할 수 있겠는가. 주공이 아니면 어찌 이런 큰 궁전을 세우겠는가. 주공이 큰 공이 있는 고로 엄택곡부에다 궁전을 세웠다.

성인이 살아가거나 지켜주는 땅이라는 해석도 하고, 밭가에 집을 짓고 궁하게 살면서도 부지런히 농사를 짓는 사람을 뜻하기도 한다.

굽은 언덕에 가려져 있는 집이지만 똑바른 근본대로 살아가는 것을 뜻하는 말이다.

□ 소의 미소(微笑)

'소도 웃는다'라고 하면 얼마나 하찮은 말도 안 되는 일이 벌어졌기에 소도 웃을 정도일까라고 할 것이다. 요즘 지도자와 명사들의 망언(妄言)과 실언(失言)이 늘어나고 있다.

중국 공산당 기관지 인민(人民)일보 인터넷판이 '세계 각국 지도자와 명사들의 실언과 망언'을 모아 국제면 '종론천하(縱論天下)'라는 코너에 실었다.

'세상에서 일어나는 일을 좇아서 논해보고 싶다'는 종론천하의 기사를 더듬어 보았다.

커우밍(구명, 口銘)은, 입을 위한(말로만 하는) 좌우명으로 우리말로 입방아라고 표현할 수 있다. 입을 조심하라는 말로 함부로 입을 놀리면 화를 입을 수도 있다. 화(禍)는 입에서 나온다.

우리의 대통령도 야당후보에 대한 정치적 견해를 이야기했다고 해서 선관위에서 선거법위반 판정을 받았다.

시라크 대통령의 '진정한 위협은 이란이 핵무기를 가지는 게 아니라 핵기술을 다른 나라에 유출하는 것이며, 이란이 이집트의 핵무기 개발을 도울 수도 있다'라는 말들은 망언이 아닌 실언이지만 망언을 가장 많이 하는 나라는 그래도 일본이다.

그들의 망언이 너무 많으니 일일이 열거할 필요도 없지만 우리를 지치게 하는 소가 다 웃을 일이다.

우리 주변에는 고소고발이 끊이지 않으며 아무리 해명을 해도 의혹이 풀리지 않으니 검찰의 수사로도 이어진다.

이렇게 같은 내용을 수도 없이 보면서 살았는데 더 이상 우리를 참기름으로 보지 말라. 만만한 참기름이 다 좋은 것만도 아니다. 명예훼손 운운하지만 그 명예훼손은 정치인에게는 처음 있는 일이 아닌 것이다. 떳떳하다면 의혹 받을 일이 없으며 오히려 더 한층 위대한 정치인으로 각광받을 수 있으니 맞고소하지 않아도 국민은 궁금해 하지 않는다.

이전투구(泥田鬪狗)라는 말이 있다. 진흙 밭에서 구르며 싸우는 개꼴을 연상케 하니 그런 행동은 자신들을 위해서도 삼가했으면 한다. 투명(透明)해지면 그것이 밝혀지는 것이 두려워 반대하고, 그를 비난하여 자기를 정당화하려는 수단으로 오해하기 쉬우니, 있다면 있는 대로 없으면 없는 대로 언젠가는 다 알려질 일들을 임시방편으로 가리려 하지 말자.

흔히들 손바닥으로 하늘을 가리려 하지만 아무리 가리려고 해도 가려지지 않는 것이 진실이라는 것이다. 너와 나만 알고 무덤까지 가지고 가야 하지만 '천지지지자지아지(天知地知子知我知)' 즉, 하늘이 알고 땅이 알고 그리고 내가 알고 당신이 아는데 어찌 숨긴단 말인가.

중국 후한(後漢) 시대 조정에는 환관들이 판을 치고 정치가 문란하고 부패했지만 고결한 관리 양진(揚震)은 절개가 굳고

기백이 대단한 사람으로 학문에 전념하여 박학(博學)하고 인격이 출중한 데다 청렴결백하니 당시 관서(關西)의 공자라 불릴 만치 칭송을 받은 인물이다.

그가 태수로 임명되어 임지로 가는 도중 해가 저물어 창읍 객사(客舍)에 혼자 머물게 되었는데 그곳 현령 왕밀(王密)이 찾아와 과거 그에게 관리로 뽑아준 은혜에 보답한다는 의미에서 황금을 그의 소매에 넣어 주려고 하니 양진은 깜짝 놀라며 단호히 거절했다.

"나는 지인(知人)으로 자네의 학식과 인품을 기억하네. 그런데 이건 뇌물이 아닌가?"

"이건 뇌물이 아니라 은혜에 보답하는 것뿐이고, 지금 이 방에는 태수님과 저뿐입니다."

"어찌 아무도 모른다 하는가. 하늘이 알고 땅이 알고 내가 알고 그리고 그대가 아는데…"하고 거절하니 왕밀은 부끄러워 물러갔다는 이야기로서 바른 일이 아닌 것은 숨길 수 없다는 교훈이다.

우리는 투명한 삶을 살았는가? 자신에게 물어보자.

'예!'라고 자신 있게 대답할 수 있다고 한다면 아마도 그는 자신을 속이는 부끄러운 삶을 두 번 사는 것이리라.

속속들이 다 볼 수 있는 명경지수(明鏡止水)같이 맑고 투명한 시(詩) 구절에서나 사용할 수 있는 이런 문학적 · 예술적인 것이 우리들 가슴속에는 정말 없단 말인가.

우아하고 높은 교양과 예술적인 수준을 자랑하는 글을 쓸 수 있는 순수한 마음속에도 숨기고 가리고 싶은 것이 존재한다면 그것이 정말 순수한 창작예술이 될 수 있을까.

나는 지금, 아주 옛날에 천 개의 글자를 가지고 250구의 글을 하룻밤 사이에 완성하고 머리가 세었다는 '백수문(白首文)'을 나름대로 해석도 하고 응용도 해보려고 안간힘을 모으고 있다. 하지만 어느 것 하나 진실에 가까운 것이 없는 추측으로 이해할 뿐이니 무슨 재주로 그 많은 구절을 이해하여 정확히 옮길 수 있겠는가.

그러나 머리에서 사라지지 않는 구절들을 조금 안다고 뽐냄도 아니요, 하고 싶은 말들을 강조하고자 함도 아닌, 아무도 꺾지 못할 하찮은 초라한 필부의 뜻이라고 해두자.

그저 글자의 음 정도는 알아야 교육부가 지정한 상용한자 1,800자를 사용하는 데에 도움이 될 것 같은 생각으로 아는 대로 설명하고 있다.

하는 일마다 소도 웃을 수 있다는 표현대로 하찮은 글이지만 그래도 그 소의 미소(媚笑)가 아첨하는 웃음이 아닌, 의미도 없는 웃음이지만 얼마나 정겹고 느긋함을 연상케 하는지….

소가 웃는 것도 과히 흉한 것만도 아닌 것과 같이 우리 생활 속에 자주 등장하는 글이기에 알아두면 도움이 될 것 같아 나름대로 설명하고 있을 뿐이다.

명경지수(明鏡止水), 환히 비추는 거울이나 물과 같이 투명한 것을 말하는 것으로 많이 쓰이는 말이라 하겠지만 원래의 뜻은 거울이나 물과 같이 청렴하고 동요됨이 없는 양심과 심경을 표현한 말이다.

불도(佛道)에서 흔히 말하는 도의 근원으로 삼아 귀로 듣고 눈으로 보고 아름다움이나 추한 것에는 이목(耳目)을 기울이지 않으며 그 정신은 오로지 아름다움과 기꺼움 그리고 평안함 속에 있게 하고, 모든 사물을 보고 겪음에 손해와 이득을 초월한 삶을 사는 사람이라면 별로 특출하지 않아도 많은 사람들이 그의 주변에 모여들게 된다는 말이다.

우리가 말하는 투명한 정치, 투명한 수사, 그리고 숨겨진 아파트 가격의 원가 공개 등 베일에 싸인 그것을 명경지수처럼 투명하게 밝히지 못한다. 지금은 이런 좋아하는 단어도 쓸 곳이 그리 많지 않으니 좋은 글도 빛을 잃는다.

<table>
<tr><td rowspan="3">137</td><td colspan="4">桓 公 匡 合</td><td rowspan="3">138</td><td colspan="4">濟 弱 扶 傾</td></tr>
<tr><td>굳셀
환</td><td>귀인
공</td><td>바를
광</td><td>합할
합</td><td>구제할
제</td><td>약할
약</td><td>도울
부</td><td>기울
경</td></tr>
<tr><td colspan="4">환 공 광 합</td><td colspan="4">제 약 부 경</td></tr>
</table>

환공을 바로잡고 모시니 약한 자를 구제하고 기우는 자를 도왔다. 환공은 춘추시대 오패(五覇) 중 첫째 가는 제후이다. 노마지지(老馬之智)라는 고사성어의 주인공이기도 하다.

고사를 요약하면 관중은 제(齊)나라 환공의 제상이다. 어느 봄날 고죽(孤竹)이라는 나라를 정벌하기 위해 오랜 전쟁으로 군행(軍行)을 하다 산중에서 길을 잃고 헤매고 있을 때 지기를 발휘해 늙은 말의 도움으로 길을 찾게 되니 관중이 환공을 도와 나라를 세운 것이다.

139	綺 回 漢 惠				140	說 感 武 丁			
	비단 기	돌아올 회	나라이름 한	은혜 혜		기쁠 열	느낄 감	호반 무	장정 정
	기 회 한 혜					열 감 무 정			

한나라의 현인 중 한 사람인 기리계는 혜제의 태자자리를 회복시키고 부열은 은나라의 고종을 감동시켰다.

중국 왕들의 역사를 보면 잘못된 길로 빠지지 않게 왕을 도와준 현인(賢人)들이 많다. 혜제는 한나라 2대 황제이다. 그는 성품은 어질지만 유약하여 패자(覇者) 자리를 넘보는 자가 많았다.

이 시기에 유방(고조)도 항우(項羽)에게 죽음을 당할 수도 있었지만 그의 부하 번쾌의 도움으로 죽음을 면하고 두주불사(斗酒不辭)라는 고사성어가 생겨난 것도 이 시대이다. 하지만 춘추전국 시대는 등장인물도 많고 역사책인 사기(史記)를 기록한 아주 복잡한 시기였기에 그 내용을 추려서 요점만 정리하기가 어렵다.

다만 천자문을 글자대로 해석하면 더욱 뜻을 알 길이 없어 그 때 등장하는 인물들을 생각나는 대로 곁들여 보았으나 정확한 해답이 될 수 없는 것이 사실이다. 서적을 뒤져봐도 도움이 되지 않으니 점점 미궁 속으로 빠져들 것 같아 아쉬울 뿐이다.

141	俊 乂 密 勿				142	多 士 寔 寧			
	준걸 준	어진이 예	빽빽할 밀	바쁠 물		많을 다	선비 사	참 식	편안할 녕
	준 예 밀 물					다 사 식 녕			

준걸과 어진 이들이 빽빽하고 바쁘니 선비들이 많아 참으로 편안하다. 바른 지도자가 많아야 나라가 평온하다는 말이다.

그 얼굴이 그 얼굴이고 그 소리가 또 그 소리이다. 정권이 바뀌고 새롭고 화려하게 등장하는 인물들, 이번만은 하고 기대하지만 국민이 원하는 것을 가져다줄지 조용히 생각 좀 해보자.

"이번은 내가, 다음에는 너에게 주마!" 하는 식의 너그러운 제안 같은 나누어 먹기식도 정당치 못하고 이번은 내가 꼭 해야 한다는 강박관념 때문에 비방하고 공격도 한다.

꼴사나운 탈당, 통합, 합당하다 안 되면 독자노선을 걷다가 다시 합류하는 행위는 진정한 국민의 주인이 될 수 없음을 안다면 정당한 선전(善戰)으로 심판을 받아보자.

□ 면목(面目) 있는 삶

과거 우리는 체면(體面)을 중시하고 살아왔다. 남을 대하는 면목과 체계 그것을 예(禮)라고도 한다. 우리는 면목 있는 삶을 살기를 원하는데 그런 명분이 차츰 퇴색되어 가고 있다. 나를 우선으로 하고 있기에 남을 배려한다는 것은 점점 잃어버리고 살아가는 것 같아 안타깝다.

"무슨 면목으로 국민을 대할 수 있겠는가?" 라는 말을 할 줄 아는 책임감이나 체면을 가진 정치·경제인이 많았으면 하지만 실책을 저질러 국민에게 손실을 입히고도 부끄러워할 줄 모르는 사람이 늘어나고 있다.

한나라와 초나라의 싸움이 막바지에 이르러 항우(項羽)는 유방 앞에 맥을 못 추게 되었고 사면초가(四面楚歌)이지만 항우는 기병 800명을 이끌고 포위망을 겨우 돌파했으나 병사들은 다 죽고 앞에는 장강(長江)이 흐르고 있었다.

단 한 척의 배를 구해 기다리고 있던 오강의 정장(亭長)은, "빨리 배에 올라 동강으로 피하십시오. 이 강만 건너면 그곳은 조그만 지방이지만 왕이 되기에 충분하오니 후일을 도모하십시

오"하고 재촉하였다.

그때 항우가 껄껄 웃으면서 한 말이 "하늘이 벌써 나를 멸망시켰는데 무슨 면목으로 백성을 대하겠는가? 나는 이 강을 건너지 않겠다. 내가 이 강을 건너올 때는 팔천 명의 군사를 거느리고 건넜는데 이제는 나와 함께 돌아갈 자는 하나도 없다. 설사 강 건너 백성들이 나를 왕으로 모신다 해도 어찌 그들을 대할 낯이 있겠는가. 내가 무슨 면목으로…" 하고 항우는 부끄러워하며 그곳에서 최후를 마쳤다.

금의환향이나 금의야행의 고사성어를 남긴 전국시대 마지막 패왕(覇王)인 그는 단신으로 적군 속으로 들어가 많은 군사를 죽이고, 그들 속에 옛 친구가 있는 것을 보고 그에게로 다가가 "내 목을 베어 공을 세워라"하며 친구 앞에서 스스로 자결했다.

그의 목에는 천금(千金)의 상금이 걸려있었다. 그러니 성난 한나라 군사들은 그의 시체를 서로 빼앗으려 시신을 산산조각을 내버렸으니 신원을 확인할 길이 없어 다시 시신조각을 이어 신원을 확인하여 각자에게 상금을 주었다는 끔직한 광경이 일어나니 이것이 패권자(覇權者)의 마지막 모습으로 면목 없는 말로인 것이다.

143	晉	楚	更	霸
	나라이름 진	나라 초	번갈아 경	으뜸 패
	진	초	경	패

144	趙	魏	困	橫
	나라이름 조	나라 위	곤할 곤	가로 횡
	조	위	곤	횡

진나라와 초나라는 번갈아 으뜸이 되고, 조나라와 위나라는

연횡(聯橫)책으로 인해 곤란했다. 약한 나라나 정당 그리고 약한 사람은 곤(困)하며 부족하고 통하지 아니하나, 강한 나라나 정당, 그리고 강한 사람은 섬기고 어려워한다는 말이다. 이런 사례는 국가 간에 더욱 심한 것 같다.

요즘 시끄럽기도 하고 조심스럽게 접근하는 6자 회담, 6자가 아니라 6개국이 맞는 말이다. 불능(不能)화란 있는 것을 약하게 만드는 것인지, 못쓰게 한다는 것인지, 다시 사용할 수도 있다는 여유 정도는 둔다는 것인지 아리송하다.

우리는 좋지 못한 시설이나 혐오스러운 것은 폐기(廢棄)를 원한다. 그런데 불능화 조치의 일환으로 감시 카메라를 설치하는 정도로는 더 이상 가동하지 않겠다는 포기가 아닌 말로 들린다.

완전폐기하고 평화적 목적으로만 사용하자. 불능이나 감축은 불씨가 남아 있는 것이니 폐기라는 말이 나올 때까지 기다려보자.

우리가 즐겨 쓰던 척관법(尺貫法)도 사라지고 있으니 많은 사람들로부터 관심이 없어지면 스스로 지쳐 더 사용할 필요를 느끼지 못해 자연 없어질 것이다.

145	假	途	滅	虢
	빌릴 가	길 도	멸할 멸	나라이름 괵
	가	도	멸	괵

146	踐	土	會	盟
	밟을 천	흙 토	모을 회	맹거 맹
	천	토	회	맹

길을 빌려 괵나라를 멸하고 천토에 모여 맹세하였다. 진(秦)의 문공이 제후를 천토에 모아 맹서하였다 하는 정도로 얼버무리는 것은 앎도 아니요, 해석이라고 할 수 없다.

고사를 알려면 시대적 배경을 알아야 한다. 문공(文公)이나 제후(諸侯) 하면 그 자체를 모르면 아무리 해석을 잘해도 이해할 길이 없다. 그러니 해석은 잠시 뒤로 미루고 다시 큰 틀인 중국의 고대사를 더듬어보자.

중국 역사에 처음 등장하는 은(殷)나라이지만 역사 이전 일들로 알 길이 없고 유적·유물의 발굴로 갑골문자(甲骨文字)가 발견됨에 따라 역사상 증명할 수 없는 중국 최초의 왕국이다.

우 임금의 손자 탕이 등장한다. 탕은 여러 제후들의 도움을 받아 은나라를 세웠다. 은나라 초기 주왕은 혹독한 정치를 하여 총비(寵妃) 달기라는 여인이 등장한다. 주왕은 성적 쾌락을 즐기다 주지육림(酒池肉林)이라는 고사성어를 남기는 사이 산시성에서 강태공 등의 도움을 받아 세력을 기르고 있던 문왕(文王)은 은을 압박하였다. 문왕의 뒤를 이은 무왕(武王)은 은허(殷墟)에 입성하여 주왕을 죽이고 주 왕조를 세웠다.

은이 멸망할 때 백이 숙제라는 고사성어가 생겨났다. 백이나 숙제는 은나라 선비였는데 주왕은 비록 폭군이었지만 은이 멸했는데도 신하의 도리를 지켜 주나라의 녹을 먹고 살지 않으려고 수양산으로 들어가 고사리를 캐어 먹고 살았다.

주(周)왕조는 실존하던 고대왕조이다. 덕치(德治)를 강조하고 천명사상과 가족제도, 제례의식을 존중하여 요순시대를 이어 받은 이상의 치세(治世)라 불린다. 주 왕조는 차츰 번성하고 제후들의 반역을 막기 위해 왕실 제사에 제후를 참석시키고 지방분권을 봉합하여 지배층인 농민을 효율적으로 통제할 수 있게 하였다. 그러나 춘추 전국시대가 시작되고 제후들의 이탈(離

脫)로 정정(政情)이 불안하고 열국(列國) 간의 패자(覇者)싸움이 시작되는 전국시대(戰國時代)에 이르러 난왕이 진에 항복하여 주나라는 멸하였다. 제후들의 난입으로 혼란기 이전을 춘추시대라 하고, 그 후를 전국시대라 한다.

강해진 제후들의 세력은 천여 개에 달했다고 한다. 이를 백여 개로 다시 압축하고 이중 강력한 제후 다섯 명을 춘추오패(春秋五覇)라 하였고, 이중 강력한 제(齊) 환공, 진(秦) 무공, 초(楚) 장왕, 진(陳) 목공, 오(吳) 차부 등이 있다.

이런 역사상 인물들이 고사성어나 천자문 속에 등장하지만 그 시대의 흐름도 모르며 그 뜻을 알 길이 없지만 아는 대로 읽고 쓰다보면 자연 알게 해주는 것이 책이기에 많은 책을 읽으면 앎이 쌓이게 될 것이다.

춘추전국시대의 무수한 인물들, 그중 환공(桓公)은 오패 중 첫 번째이다. 양공에게는 두 후계자 소백(小白)과 규(糾)가 있었는데 양공은 내분으로 살해되고 소백과 규는 외국으로 망명했다. 소백에게는 포숙아(鮑叔牙)가 뒤따랐고 규에게는 관중(管仲)이 뒤따랐다.

후에 소백이 왕위에 오르는데 이가 환공이다. 환공은 포숙아의 의견을 받아들여 관중을 제상으로 임명하여 명제상이 되었다.

우리가 많이 쓰고 있는 부국강병(富國强兵)을 이룩하여 중원의 패권자에 올랐으나 관중이 죽은 후 간신배들의 등용으로 환공은 비참한 최후를 맞고 국력이 쇠약해져 진(晉) 문공(文公) 중이(重耳)가 왕위에 올랐다.

이밖에 월왕 구천은 오왕 부차와 같이 와신상담(臥薪嘗膽)의 주인공이다. 구천은 오왕 부차가 부친의 유언에 따라 복수를 준비하고 있다는 소문을 듣고 오나라를 먼저 공격하였으나 패하여 항복했다.

이때 오자서(伍子胥)가 구천을 죽이고 월나라를 멸하자고 간언했지만 오왕은 구천을 용서하고 그의 부인을 첩으로 삼고 월나라로 돌려보냈다. 구천은 수치를 잊지 않고 쓸개의 쓴맛을 보며 복수의 칼을 갈아 결국 부차를 죽이고 오나라를 멸망시켰다.

그 후 손무(孫武)라는 인물이 등장한다. 합려 밑에서 장수로 활동한 제나라 출신으로 손자병법의 저자이다. 오왕은 손자병법을 읽고 관심을 가져 손무를 불러들여 궁중의 여인들을 훈련시켜 달라고 한다.

그래서 손무는 궁녀 180명을 궁전의 안뜰에 나란히 세우고, 그들을 두 개 부대로 나누고 왕이 총애하는 궁녀 둘은 각각의 대장으로 임명하였다.

후궁들에게 군대식으로 우로 정렬, 좌로 정렬의 명령을 내렸으나 후궁들은 들은 체도 않고 웃고만 있을 뿐 움직이지 않았다.

손무는 이런 명령계통이 이어지지 않는 것은 지휘관의 책임이며 책임 없는 지휘관은 참수해야 마땅하다 하여 두 명의 후궁을 참수하니 그 이후로는 새로운 지휘관의 명령에 철저히 따랐다는 설이 있다. 그 후 손무와 오자는 힘을 합쳐 중원의 강국을 만들었다.

이런 복잡한 중원의 역사 속에서 일어나는 고사성어나 등장인물 그리고 그때의 문화를 이해하지 못하고, 아무리 철학적·교육적 의미가 있는 글이지만 확실한 뜻은 알 수 없어도, 우리가 흔히 쓰는 고사성어가 생긴 동기 정도는 알고 사용한다면 쉽게 이해가 갈 것 같다.

147	何	遵	約	法	148	韓	弊	煩	刑
	어찌 하	좇을 준	약속할 약	법 법		나라이름 한	해질 폐	번거로운 번	형벌 형
	하	준	약	법		한	폐	번	형

소하는 간략한 법(약법삼장)을 따랐고 한비는 번거로운 형벌에 쓰러졌다. 어떤 문제가 발생하면 법적으로 제재(制裁)할 근거가 없어 새로운 법을 만들다보니 법이나 규제에 얽매여 헤어나지 못할 때가 있는 것 같다.

소하는 간단한 법으로 나라를 잘 다스리고 진나라 한비는 번거로운 형벌에 해를 입었다는 말이다. 한나라 고조가 진나라를 멸(滅)했는데 그 지방 부노(父老)들과 법률 3조목을 약속했다.

"사람을 죽인 자는 처형하고 도둑질한 자는 벌을 준다. 이것 외에 까다로운 진나라의 법은 없앤다."

그러나 세 가지만으로는 도저히 죄를 막을 수 없어 소하가 고조의 명을 받들어 9조목의 법을 만들었으니 소하는 고조를 잘 받들었다는 것이다. 한편 한비는 형벌을 엄하게 해야 한다고 간언하여 시행했지만 번거로운 점과 잘못된 것이 많아 도리어 피해를 입었다는 말이다.

필요에 따라 생겨난 것이지만 성문법 이전의 생활 속에서 예의와 양심으로 오늘날보다 평온한 삶을 산 것 같은데 요즈음은 그 양심이라는 것이 실종된 것인지 새로운 법을 아무리 만들어도 그 법을 능가하는 범죄가 계속 일어나고 있다.

아무리 촘촘한 법망을 만들어도 그곳을 용케 빠져나가는 무리가 있으니 기는 자 위에 나는 자가 반드시 있기 마련인 것 같다.

우리 주위에는 법이나 규칙, 시행령, 조례(條例) 등의 것들이 너무 많다.

149	起	翦	頗	牧
	일어날 기	자를 전	자못 파	칠 목
	기	전	파	목

150	用	軍	最	精
	쓸 용	군사 군	가장 최	자제할 정
	용	군	최	정

기(起)는 백기(白起), 전(剪)은 왕전(王剪), 파(頗)는 염파(廉頗), 목 (牧)은 이목(李牧)이다.

백기와 왕전은 진나라 장수(將帥)이고 염파와 이목은 조나라 장수였다. 이들 장수들은 모두 명장이며 작전이 가장 정밀하였다라고 전해지고 있다.

옛날에는 힘센 용장(庸將)들이 주도권을 잡은 왕권주의가 많았다. 힘으로 정권을 창탈(搶奪)하고 용맹(勇猛)이나 무력으로 다스림을 했지만 지금의 힘은 무력이 아닌 지혜로운 머리를 요구한다.

밀어붙이기식 세상은 지나가고 현명한 지도자를 원한다.

□ 백년초(百年草)

선인장(仙人掌)은 다년초로서 중남미 열대지방이나 아열대에 자생하는 다육경식물(多肉莖植物)로 관상용으로 많이 재배하는데 잎이 가시모양으로 변하여 수분 증발을 막기 위해 진화된 것으로 줄기에 즙이 많이 저장되어 있고 각가지 꽃을 피우며 전 세계적으로 1,700여 종이나 된다고 한다.

백년초나 패왕수(覇王樹)라고도 하는 선인장은 귀면각(鬼面角)이나 백금사자(白金獅子), 조무각(朝務閣), 용신목(龍神木), 벽탑(碧塔), 대봉용(大鳳龍), 무윤주(武倫柱), 월궁전(月宮殿), 희망환(希望丸), 만월(滿月), 황금사(黃金司), 금수지(金手指), 춘성(春星), 앵월(櫻月) 등의 다양한 이름으로 불리어질 만큼 수도 많다.

그리고 거미줄바위손이라 이름 붙여지는 선인장들은 깊은 산속에서 도를 닦는 신선의 손바닥이라고도 하고, 오래 사는 풀이라 하여 백년초, 제왕과 같이 위험 있는 나무라 하여 패왕수, 그리고 정열과 강인한 생명력의 상징 사보텐이라는 일본식 이름도 있다.

이와 같이 장황하게 백년초의 이름을 나열한 것은 기린각(麒

麟閣)에 나오는 오색기린의 누각을 설명하려다 먼저 떠오르는 기린의 뿔이라는 막연한 생각에서 적고 보니 앞과 뒤가 엇갈린다.

151	宣威沙漠				152	馳譽丹青			
	베풀 선	위엄 위	모래 사	사막 막		달릴 치	기릴 예	붉을 단	푸를 청
	선 위 사 막					치 예 단 청			

장수의 위엄(威嚴)은 멀리 사막까지 펼쳐지고 명예(名譽)는 단청(丹靑)하여 드날려졌다. 장수로서 그 명성이 방방곡곡 펼쳐 나가니 칭찬하고 기리는 뜻을 단청으로 기린각(麒麟閣)에 그렸다라고 해석하자.

기린각은 중국 한나라의 무제가 장안의 궁중에 세운 전각으로 선제(宣帝) 때 곽광 외 공신(功臣) 11명의 초상을 그려 각상(閣上)에 걸었다고 한다.

중국에는 각(閣)과 누(樓)가 많기도 하다. 그리고 기린(麒麟)은 성스러운 상상의 동물로 봉황(鳳凰)과 같이 성현이나 제왕이 날 때 출현하는 평화와 번영을 기리는 천조(天祚)라고 한다.

몸은 사슴이고, 꼬리는 소며, 다리는 말로 하나의 뿔을 가진 머리는 늑대나 양 같기도 하다. 기(麒)는 수컷이고 린(麟)은 암컷이다. 종류도 가지각색으로 푸른색은 용고, 붉은색은 염구, 흰색은 색명, 검은색은 각단, 황색을 기린이라 했다하여 추측하는 동물로서 오색으로 그린 그 명칭에 따라 붙여진 이름이다.

기린각을 설명하다 '꽃기린'이라는 식물인 대극과(大戟科)에 속하는 가시가 있고 덩굴처럼 자라는 선인장이나 화분에 심어

관상하는 열대지방의 관목(灌木)을 더듬어본다.

하지만 공신들의 초상화를 단청으로 채색된 누각 위에 그려 푸른 용으로 상징하여 공적을 기리는 상징물로 이해할 수밖에 없는 아련한 남의 나라 역사를 알 길이 없으니 이것으로 접어두자.

153	九	州	寓	跡
	아홉 구	고을 주	임금 우	자취 적
	구	주	우	적

154	百	郡	秦	幷
	일백 백	고을 군	나라이름 진	아우를 병
	백	군	진	병

구주(9등분한 천하)는 우 임금의 자취요, 일백 군은 진나라가 아울렀다. 아홉 고을을 분별하고 천하에 봉군(封君)하는 법을 패하고 일백 고을을 두었다. 병(幷)이나 병(竝)은 같은 뜻으로 '나란히'라는 뜻이다. 우리는 좁은 땅을 2등분하여 각기 다른 정치이념으로 다스리고 있으니 불안하다. 우리도 통일은 아니더라도 병행(竝行)하여 나란히 아울러 함께 할 수 있었으면 한다.

155	嶽	宗	恒	岱
	큰산 악	마루 종	항상 항	터 대
	악	종	항	대

156	禪	主	云	亭
	봉선 선	주인 주	이를 운	정자 정
	선	주	운	정

큰산(중국의 오악)은 항산과 태산을 마루로 하고 운운산과 정정산에서 천자가 봉선한다. 오악(五嶽) 중에 항산(恒山)과 태산(泰山)이 주종이요, 운과 정은 천자가 봉선(封禪)을 드리는 곳으로 악은 큰 것으로 대신과 제후를 뜻하기도 한다.

오악(五嶽)은 중국 5대 명산을 말한다. 중악(中嶽)은 숭산(崇山), 동악(東嶽)은 태산(泰山), 서악(西嶽)은 화산(華山), 남악(南嶽)은 형산(衡山), 북악(北嶽)은 항산(恒山)을 말한다.

악(岳)이나 악(嶽)은 큰산으로 '뫼뿌리 악' 자로 험하고 바위로 뒤덮인 산으로서 우리나라에 설악산(雪嶽山)이나 북악산(北岳山)의 많은 명산들도 악(岳)이나 악(嶽)으로 쓴다.

157	雁	門	紫	塞	158	鷄	田	赤	城
	기러기 안	문 문	자줏빛 자	변방 새		닭 계	밭 전	붉을 적	재 성
	안	문	자	새		계	전	적	성

안문산과 자새(만리장성), 계전과 적성은 모두 명승지이다. 새도 넘지 못하는 높은 산, 자새(紫塞)는 변방인 만리장성을 가리키며 계전은 북방의 땅이고 적성이란 장성 밖의 땅을 말한다.

우리나라 인구 4,800만 명 중 철 들은 사람 치고 천자문을 모르는 사람이 없을 것 같지만 막상 그 내용을 설명한다면 몇 구절에 그칠 것 같다. 중국 13억 인구가 알고 있고 우리가 알고 있는 글이지만 그 뜻을 확실히 설명하기란 어려움이 있고 확실히 설명한다 해도 사람의 생각에 따라 해석이 다를 수 있다.

나만 옳다고 고집한다는 것은 천지창조를 하느님이 했다는 그런 믿음이나 계란이 먼저인가 닭이 먼저인가 하는 논쟁과 다를 바가 없을 것 같다. 나도 누군가에게 확실한 해석을 듣고 싶지만 확인해 줄 사람을 찾지 못했으니 그저 내 추측으로 살아갈 뿐이다.

□ 삼복(三伏)더위

혹서(酷暑)의 계절이다. 초복에서 말복까지 20~30일 동안 무더운 날을 말한다. 삼복은 더위의 극치를 말하는 고유명사로 양기(陽氣)에 눌려 음기(陰氣)가 바닥에 엎드려 있는 것이라 하여 복(伏) 즉, 엎드려 굴복한다는 뜻이다.

초복(初伏)은 하지(夏至)가 지난 세 번째 경(庚)일이고, 네 번째 경일이 중복이 되고, 입추를 전후해서 첫 번째 경일이 말복인데 그 사이가 10일 또는 20일 간격이다. 중복과 말복 사이가 20일인 경우를 월복(越伏)이라 한다.

체력소모가 가장 많은 계절인 삼복염천(三伏炎天)의 무더운 날이 계속된다. 이럴 때는 이열치열(以熱治熱)이라 하여 열로 더위를 다스린다는 말도 있다. 하지만 두양복온(頭涼復溫) 즉, 머리는 서늘하게 하고 배는 따뜻하게 해야 한다.

여름은 땀을 많이 흘리는 계절이니 지나친 사우나나 몸에 좋다고 뜨거운 탕 종류를 많이 먹는 것도 좋지 않다. 이런 더위에 체온상승을 막으려고 찬 음식을 먹으니 장기가 지치게 되며 식욕이 떨어지고 소화흡수가 약해지니 배탈이 나게 된다.

이를 회복시키려면 뜨거운 것을 찾기 마련인데 그런 음식을 보양식이라고 한다. 종류도 다양하고 먹는 방법이 지방이나 사람의 식성에 따라 다른데 보신탕이라고 몸에 다 좋은 것만도 아니다. 여름에 생산되는 적당한 양의 과일과 채소를 먹어야 한다.

생선회나 돼지고기도 찬 성질의 음식으로서 여름에 알맞은 식품이다.

속대발광(束帶發狂) 욕대규(慾大叫)라는 말이 있다. 삼복염천에 관(冠)을 쓰고 허리에 띠를 매고 정좌하고 앉아 책을 읽으려니 숨통이 막히다 못해 광기가 발동할 일이다.

그런 고통스러움도 참아야 선비의 도(道)라 한 옛 선비들, 그놈의 체통이라는 것이 무엇이기에 발광할 정도의 고통도 참아야 했을까.

"더울 때는 네 자신이 추위가 되고 추울 때는 네 자신이 더위가 돼라. 세상 모든 일이 한때 일어나는 부질없는 마음의 짓거리인 걸…."

이 말은 어느 선사(禪師)가 한 말로 안다.

동병하치(冬病夏治)라는 말도 있다. 여름에 많은 양의 양기를 충전해야 겨울에 병 없이 지낼 수 있다는 말이다. 여름에 더위로 체력을 소모하면 환절기가 되면 감기나 기관지천식 같은 작은 병으로부터 시작하여 중병으로 변할 수도 있으니 겨울나기가 힘들어진다는 말이기도 하다.

여름은 태양의 계절이라고도 하지만 강렬한 자외선은 피부를 상하게 할 수 있으니 삼림욕(山林浴)으로 수풀 속에서 직사광선을 피하여 체력을 단련하는 것이 좋다.

어려서 읽은 '더위가 짜증스럽고 삼복에 마신 술기운에 이열치열하다 속대발광한다'라는 글귀도 떠오른다.

'눈에는 눈, 이에는 이'라는 인과응보의 세상사는 이야기도 하고 싶고 뒤죽박죽 더위 탓으로 더위 먹은 할아버지가 횡설수설(橫說竪說)하니 품위가 일그러지고 취중(醉中) 망언(妄言)을 한다. 문명의 이기인 에어컨의 혜택을 받고 살면서도 삼복을 운운하니… 더 할 말이 없어진다.

올 여름처럼 더워서 참기 어려울 때는 산골 계곡이나 시원한 바다가 그립다. 집 나서면 그 때부터 고생인줄 알면서도 마음은 그곳으로 달려가고 있으니 올해도 며칠 정도는 짬을 내서라도 연중행사인 피서라는 것을 다녀와야 한다.

해마다 가족과 함께 하던 하계휴가도 이제는 제각기 바쁘다 보니 함께 하기가 어렵다. 그래서 틈나는 대로 취미나 취향에 따라 핵가족끼리 가기로 했다.

숨 막힐 것 같은 폭염을 피하려고 갈 곳도 정하지 못하고 우선 길을 나섰다. 시원하고 조용한 곳을 찾아 이삼 일 쉰다는 핑계로 직진 신호등만 따라가려고 시동을 걸었다.

국도를 따라 무작정 가다보니 생각지도 않은 이색의 풍경 속에 넋을 잃고 말았다. 성격 탓이겠지만 평소에 산을 좋아하니 산밖에 모른다는 아내의 말처럼….

태산준령인 강원도 오대산을 감아 돌아 진고개 정상에 오르니 앞을 분간할 수 없을 정도로 농무(濃霧)인지 구름인지 작은 물방울이 뚝뚝 떨어지는 아주 무거운 안개비가 되어 내린다.

눈앞에 보이는 것은 모두가 구름 속을 뚫고 다가오는 차들의 전조등, 그것도 아주 깜깜한 밤중에 누군지 알 수 없는 사람이 피우는 담뱃불 정도일 뿐이지만, 한 치 앞도 분별할 수 없으니 오리무중이라는 표현으로는 게임이 되지 않는다.

산도 하늘도 이글거리며 열기를 내뿜던 태양도 어디로 숨어버린 것일까. 이따금 바람에 흐느적거리며 구름 틈새로 계란 노른자처럼 보이는 것이 그 당당한 태양이란 말인가.

좌우에 드넓은 초원도, 드높이 솟아있던 해발 1,300여 미터의 노인봉의 봉우리도 아무것도 없는 무(無)이다.

안개 속에서 우뚝 솟아 있던 기암절벽과, 한 폭의 그림 같은 산수도는 어디로 갔나. 구름을 뚫고 솟아오른 산도 없고 아련하게라도 보일 것 같은 동해바다도 없으니….

한 폭의 동양화를 마음속으로 그려보며 그저 멍하니 서있을 뿐이다. 이런 여행을 즐기려고 이곳에 왔으니 안개야 걷혀도 좋고 이대로 며칠이라도 좋다. 안개 속에서도 자연의 동양화를 마음으로 볼 수 있으니, 마음의 여행이라 하며 혼자만이라도 즐기며 사는 것이 지금 내가 살아가는 삶의 전부이다.

159	昆 池 碣 石				160	鉅 野 洞 庭			
	말 곤	못 지	비 갈	돌 석		클 거	들 야	골 동	뜰 정
	곤 지 갈 석					거 야 동 정			

곤지(유명한 못)와 갈석(명산), 거야(유명한 들), 동정호(유명한 호수)라는 말로 곤지는 곤명현에, 갈석은 부평현에 있다.

갈(碣)은 선 돌이며, 산이 우뚝 서있는 모습이다.

모든 산천이 멀리 넓고 아득하게 줄지어 있는 것으로 동양화 같은 풍경을 떠올리면 잠시라도 즐거움을 줄 수 있는 풍경이 아른거리며 떠오를 것 같다.

중국을 여행할 때 느끼는 것이지만 그 많은 명승지와 명산마다 우뚝 선 바위와 산허리를 감도는 운무(雲霧)가 아련한 풍광과 경관을 이룬다. 우리나라 태백준령을 등산할 때의 느낌과는 다른 운치이지만 우리나라 것과 중국, 그런대로 각기 풍기는 아기자기한 맛이 있다.

161	曠	遠	綿	邈
	넓을 광	멀 원	연이을 면	멀 막
	광	원	면	막

162	巖	岫	杳	冥
	바위 암	멧부리 수	어두울 묘	아득할 명
	암	수	묘	명

넓고도 멀리 이어져 막막하고 바위와 멧부리는 그윽하게 어둡다. 산, 벌판, 호수 등이 멀리 아득하고 막막히 줄지어 있는 큰 바위와 산이 안개 속에 싸여 아득함을 말한다.

면막(綿邈)은 길게 이어져 아득히 멀다는 말로 지금은 무대(舞臺)에 설치된 막으로 노출(露出)을 방지하고 무대의 배경(背景)효과를 높이기 위하여 조성한 빛(Light)의 광원을 받아 노을이나 황혼, 야간의 배경 등을 연출하는 세트(Set)로서 무대장치라는 뜻으로 사용한다.

배경은 등 뒤에 있는 풍경이다. 뒷심, 이것을 백(Back Ground)이라는 말로 사용하고 있다. 후원자 혹은 밀어 주는 사람이 있어야 용기를 낼 수 있는 것이다.

"뒤는 내가 다 알아서 할게"라고 한다면 하고자 하는 일에 있는 힘을 다할 것이니 자신감이 생길 것이다. 뒤에서의 후원은 응원이다.

'나를 위해 많은 사람들이 지켜보고 있구나. 그들의 뜻에 보답해서라도 꼭 이루어야 한다'는 결심, 그것을 주는 것이 후원(後援)이며 응원(應援)이다.

응원과 후원에 보답하기 위하여 그 뜻에 부응(副應)한다는 책임감이 정신력을 자극하여 새로운 기록을 갱신한다는 사실을 우리는 알고 있다.

'기죽이기, 기 살리기'라는 말을 많이 사용하지만 그 기(氣)라는 것이 얼마나 큰 힘을 발휘하는지 모를 것이다. 사람은 기분에 좌우된다는 말은 더 설명할 필요도 없다.

우리 인간은 감정을 가지고 사는 나약한 동물인 것 같다.

내가 어릴 때 집에서 기르던 닭이 싸움에 지는 것이 속상해서 매일 닭에게 자극적인 먹이도 주고 괴롭히며 많은 운동도 시켰다. 닭은 나를 무서워 꺼려하면서도 다가와 먹이를 받아먹으며 따르더니 점점 강인해져서 결국 뒷집 닭과 싸워 이기게 되었다. 이것이 후원이며 응원이다.

코미디언의 말대로 "아이 기죽어, 기 살어!"라는 그런 말의 어원도 나를 후원하는 말로서, 사랑과 매를 병행하는 것이 진정으로 위하는 것이다.

당근과 채찍이란 말을 우리들이 많이 쓰고 있지만 그것을 조절하여 가할 줄 알아야 한다. 사랑의 매를 가하는 그 깊은 심정은 아무도 모르는 숨겨진 사랑이며, 보통사람으로서는 하기 어려운 용단인 것 같다.

자식을 잘 키우려면 그에게 편안함만을 주는 것이 아니다. 어려움을 체험함으로써 새로운 도전을 맛보게 해야 한다. 오냐오냐 하며 응석을 받아주면 그들을 나약하게 하는 것이다.

훈몽자회(訓蒙字會)의 글을 빌리지 않아도 이제는 무엇이 자식을 바르게 기르는지 겨우 알 만하다고 그 깨달음이라는 것을 글로 옮기는 나 또한 한심한 할아버지일 뿐이다.

하지만 이런 것들도 내가 지나온 과거의 풍경들이고, 지나간 여행길을 마음으로 되돌아보며 나의 길을 가고 있는 것이다.

"눈을 두고 왜 마음으로 보느냐?"라고 할지 모르지만 눈으로 많은 것을 보고 살았기에 더 볼 것도 없지만 보아 봤자 그것이 그것이니 헛갈릴 것도 새로울 것도 없는 하나의 지나간 풍경들일 뿐이다. 그러니 마음에 보이는 대로 보며 내 인생의 여로를 가고 있을 뿐이다.

□ 농자지대본(農者之大本)

과거 우리는 농본주의 사상으로 농을 천하지 대본으로 알고 살았다. 모든 사람은 먹기 위해 살고, 살기 위해서 먹어야 했기 때문에 농사를 근본으로 알고 사는 것을 당연하다 여겼다.

중농정책은 농사(農事) 짓기를 근본으로 하는 정치를 말한다.

자유당 시절인 것으로 기억되지만 쌀이 귀할 때의 일이다. 모든 물가의 기본이 쌀을 기준으로 했다. 한 달 월급이 쌀 두 가마니 값어치가 되면 아주 높은 위치의 월급쟁이였다.

이때 '쌀값을 잡는다'라고 했다. 쌀값이 오르면 농림부장관이 곤욕을 치렀고 제일 단명(短命)의 장관으로 기록된 시기도 있었다. 먹는 것이 얼마나 중요한 것인지 말하지 않아도 과거 어려움을 겪은 세대들은 다 알고 있을 것이다.

그런 귀한 먹을거리가 지금은 지천이다. 녹색혁명의 덕인지 농사기술의 발달과 중공업정책으로 부가 축척되어 외국의 농산물을 값싸게 사들일 수 있어서인지, 아무튼 좋은 현상일 수 있다. 하지만 우리의 농업이 사양길로 접어든다고 우려의 목소리가 커가고 있다.

힘써 가꾸고 거두어도 수지타산이 맞지 않으니 가꿀 수가 없다. 가꾸지 않아도 배불리 먹을 수 있는 세상은 좋은 것인지 모르지만 우려하는 목소리도 많은 것을 보면 마냥 즐거워할 일만도 아닌 것 같다.

사람의 욕구가 배불리 먹고 좋은 옷을 입고 좋은 집에서 살면서 의식주의 기본적 욕구가 충족되면 또 다른 욕구가 생겨난다.

'물욕(物慾) 연후(然後) 색욕(色慾)'이라는 말이 있다. 음식을 많이 먹으면 배탈이 생기고, 물욕으로 재물을 많이 가지면 근심이 생기고, 색욕이 과하면 병을 얻게 된다.

'넘침보다 모자람이 좋다'는 말을 믿어야 할지 모르지만 그런 말로 나라를 다스리기가 쉽지 않은지 출마자마다 일자리를 창출하여 경제를 살린다 하면서도, 기우는 농촌경제는 속수무책인 것 같다.

163	治本於農				164	務茲稼穡			
	다스릴 치	근본 본	어조사 어	농사 농		힘쓸 무	이때 자	심을 가	거둘 색
	치 본 어 농					무 자 가 색			

다스림은 농사로 근본을 삼으니 때 맞춰 심고 일에 힘을 써야 한다. 다스리는 것은 농사(農事)의 근본으로 하니 흔히 말하는 중농정치를 일컫는 말이다.

가색(稼穡)은 심고 거두며 농사일에 힘쓴다는 말이다. 이것이 과거 농본주의에서의 중농정치이다. 그런 중농정치보다는 과학기술을 우선으로 하는 정치를 펴야 고수익을 얻을 수 있으니 힘들고 적자만 되풀이되는 농사일에는 기피할 수밖에 없을 것이다. 하지만 외국의 농산물을 가지고 장난질을 친다면 어찌 되겠는가.

곡물을 무기화 한다는 말이 있다. 아무리 과학기술이 발달해도 쌀을 화학공장에서 생산할 수 있을까. 그러니 아무리 힘이 들고 적자를 본다 해도 농업을 포기해서는 안 된다.

과거 우리는 농토가 없어서 산간을 계단식으로 만들어 농사를 짓기도 했다. 그런데 지금은 노는 땅이 너무 많으며 농토를 가지고도 농사를 못 짓는다. 오히려 농사를 짓지 않으면 보상을 해준다고 한다.

힘들여 농사를 지어도 적자라니 오히려 보상을 해주는 것이 옳은 정책인지 몰라도 이런 것이 우선 먹기는 곶감이 달기 때문에 이렇게 하다가 농토는 줄어들고 농부마저 없어진다면, 우리의 먹을거리는 어디서 구하겠는가.

외국에서 수출을 중단하겠다고 한다면 우리가 과거에 겪었던 유류파동(油類波動)보다 더한 곤혹을 치를 것 같다는 내 생각이 기우(杞憂)라면 좋겠다. 하지만 그냥 흘려보낼 일만도 아닌 것 같으니 중농정책은 아니라도 땅을 놀리며 보상하는 것보다 가꾸는 자에게 보상하여 자급자족의 기틀을 마련해 주었으면 한다. 이 또한 나만의 견해이며 힘없는 고루한 생각으로 옳다한들 옳은 것이 아니니 한숨도 나지 않는다.

상전벽해(桑田碧海)라는 말을 더듬어 보자. 뽕나무밭이 변하여 푸른 바다가 된다는 말이다. 세상일에 변천이 심하여 갈피를 잡을 수 없어서 앞일을 점치는 것을 예언이라 하지만 알면서도 말해서는 안 되는 것이 현실이다. 현대인은 모두 똑똑하기 때문에. 자기 주관에 맞지 않으면 앞뒤 따져보지도 않고 반기를 든다.

우리는 몇 년 전만 해도 누에를 길러 실크를 일본으로 수출했지만 화학섬유들이 나오고 값싼 중국산으로 더 이상 잠업(蠶業)으로는 경제성이 없다. 그러니 포기도 하고 일부는 새로운 제품으로 개발하여 동충하초 혹은 건강식품으로 만들기도 한다.

이렇듯 잠업은 포기해도 대체 품목이 다양하니 아쉬움은 있을 수 있으나 주식인 벼농사만은 우리의 생명선임을 명심했으면 한다.

165	俶載南畝			
	비롯할 숙	저울 재	남녘 남	이랑 무
	숙재남무			

166	我藝黍稷			
	나 아	심을 예	기장 서	피 직
	아예서직			

남쪽 밭에서 농사를 짓기 시작하니 나는 기장과 피를 심었다. 봄에 씨 뿌리고 가을에 거둔다. 봄이 되면 남쪽 이랑에 씨 뿌리고 일이 시작되어 기장과 피를 심기에 열중한다는 말이다.

이런 농사일을 하는 농촌 풍경을 그리면 마음에 평화로움이 온다. 그런 평화를 원하지만 삶이 각박하고 수지타산을 생각하면 선뜻 농촌으로 가려는 사람이 없는 것이 현실인 것 같다.

167	稅熟貢新			
	세금 세	익힐 숙	바칠 공	새 신
	세숙공신			

168	勸賞黜陟			
	권할 권	상줄 상	내칠 출	오를 척
	권상출척			

곡식이 익으면 세금을 내게 하고, 햇곡식으로 종묘에 제를 올리고, 열심히 일한 사람은 상을 주고, 게으른 사람은 내쫓는다는 말로 노력에 따라 우대해주는 태평성대를 뜻한다.

오늘이 절기로는 입추도 지나고 말복이다. 무덥고 지루한 더위도 이제는 가려나 했는데 너무 덥고, 장마가 지나간 것 같은데 장맛비보다 더 세찬 비가 계속 내린다.

계절의 변화를 종잡을 수 없으니 어찌 된 일인가. 아침저녁 선선한 바람을 느껴야 하는 8월도 중순으로 접어들었지만 절후가 맞지 않으니 이런 것을 이상기온이라 하는 것 같다.

지구 온난화를 걱정하던 것이 현실로 다가오고 말았구나. 어쩌다 사계절의 바뀜도 삼한사온의 절후도 장마철도 구분 없는 제멋대로이다.

추석도 1주 정도 남짓한데, 밝은 달도 보며 햇곡식으로 조상님께 공신할 수 있을지 모르지만 그래도 가을을 기다리는 마음은 예와 다를 것이 없다.

□ 선입감(先入感)

내 인생은 내가 운용해 가는 것이다. 운용(運用)의 묘(妙)는 마음에 달려있다. 의심암귀(疑心暗鬼)라는 말이 있다. 남을 의심하면 주위가 어두워 사리를 분별하기 어렵다는 뜻으로 지혜롭게 대처할 수 없다는 말이다. 이런 선입감 때문에 올바른 판단을 그르칠 때가 있다. 색안경을 쓰고 세상을 보면 안경의 색깔대로 보일 뿐이다. 내가 바르게 살지 못하면 남의 삶도 비뚤어져 보일 수 있다는 말이다.

옛날 어느 농부가 도끼를 잃어버렸다. 틀림없이 누군가가 훔쳐간 것이 분명하여 주위사람들을 눈여겨보니 이웃집 아들놈이 수상쩍었다. 그를 유심히 살펴보니 눈이 마주치면 피하고 표정이나 말투가 의심스러워서 틀림없다 단정 짓고 그놈을 혼내줄 생각을 하고 있었는데 우연히 자기 집 밭둑에서 도끼를 찾았다.

그는 자기 실수로 남을 의심했구나 후회하면서 이웃집 아들을 보니 그의 거동이 조금도 수상하지 않았다. 이런 것이 선입감이며 남을 수상쩍게 보면 볼수록 더욱 의심을 갖게 된다는 것이다.

또 이런 이야기도 있다. 어느 부잣집 담장이 장맛비로 무너졌다. 그 집 아들은 내일이라도 바로 고치지 않으면 도둑이 들것 같다고 하고 이웃집 영감도 같은 충고를 했다. 그런데 그날 밤 도둑이 들어 재물을 훔쳐갔다.

그러니 부잣집 주인은 자기 아들은 선견지명(先見之明)이 있는 아들이라고 칭찬하고 이웃집 영감은 도둑으로 의심했다고 한다. 변덕스러운 사람의 마음은 믿기 어렵다는 이야기로 지나친 선입감이나 의심은 남을 오해(誤解)하는 마음이 생겨 피치 못할 일이 일어나니, 삶에 운용의 묘를 살리어 이웃을 도탑게 하는 확실한 지혜를 가지라는 말이다.

169	孟	軻	敦	素	170	史	魚	秉	直
	맏 맹	이름 가	도타울 돈	흴 소		역사 사	물고기 어	잡을 병	곧을 직
	맹	가	돈	소		사	어	병	직

맹가(맹자)는 도탑게 하여 소박했으며 사어는 강직함을 지녔다. 맹자는 그 모친의 교훈을 받아 자사 문하에서 배웠다. 사어라는 사람은 위나라 재상(宰相)으로 성품이 매우 강직하였다. 병은 손으로 잡는 것과 같이 마음으로 지키는 것을 말하며 직(直)은 바른 행위를 뜻한다.

사람의 행함에는 반듯이 흔적(痕迹)을 남긴다. 주사마적(蛛絲馬跡)이라는 말이 있다. 거미줄이나 말발굽의 흔적이다. 거미줄을 따라가면 그곳에는 거미가 있기 마련이고, 말 발자국을 좇아가면 결국 그곳에는 말이 머물러 있을 것이다. 우리의 삶도 흔적을 남기고 지나가게 되어 있다.

행적(行蹟)이나 흔적(痕迹)이라는 것은 아주 선명하여 오래 갈 수도 아니면 곧바로 없어질 수도 있다.

내가 지금 한 말은 가까이 있는 사람들만이 잠시 들을 수 있지만 곧 사라질 것이다. 그러나 이렇게 글로써 한 권의 책으로 만들어 놓으면 누군가가 읽다가 덮어두어도 이 책이 남아 있는 한 누군가가 다시 읽을 것이다. 그러나 70여 년을 눈으로 보고 지금은 마음으로 본다는 것들이 허상인 허수아비에 지나지 않을 것 같아서 귀중한 시간만 축내는 망상의 할아버지가 틀림이 없다는 것 같다.

책의 제목만 읽고 마는 글이 되거나 중간 혹은 끝까지 읽지 않고 덮어두는 책이 된다면 독자를 우롱하는 글이 된다. 그래도 한 번쯤은 읽어주지 않겠는가 하는 욕심이 생겨서 이번에는 한 번 읽고 버리기 아쉬워 여운을 남기는 그런 내용을 찾으려 노력했다.

용단을 내어 중단하고픈 마음을 달래며 다시 정성을 다해 사심도 없고 편견도 없이 그저 보고 듣고 느낀 사실만을 알고 있는 수준으로 기록하자.

□ 편견(偏見)

한쪽으로 기울어져서는 안 된다. 넘쳐서도 모자라도 그리고 쉽게 변해서도 안 된다. 물질문명의 발달로 대부분의 사람들이 편안한 삶을 누리고 산다. 편안한 마음이 아니고 몸만 편하다면 그것은 진정한 편안함이 아니다.

한쪽으로 치우치는 것을 편견이라 한다. 이 세상 모든 것에는 그에 합당한 이치가 있기 마련이다. 하찮은 물건 하나하나에도 그에 주어진 근본이 있으며 모든 일에도 시작과 끝이 있다. 시작을 했으면 마침을 생각한다면 도(道)를 안다는 말이다.

중용하위이작야(中庸何爲而作也), 이 글은 중용의 첫 구절이다. '중용은 어떠한 목적으로 지었는가'로 시작된다. 자사(子思)가 도학이 그 전해짐을 잃어버릴까 염려되어 지었다. 상고의 성신(聖神)이 인간 세(世)의 기준을 세움으로부터 전통을 전함이 유래가 되었다. 이것이 경(經)에 보이는데 진실로 그 가운데를 잡아라 하는 것은 요(堯)임금에게 전수한 방식이나 '인심이 위태롭고 도심은 은미(隱微)하고 정미하여 그 가운데를 잡아라'

하는 교훈으로 시작한다.

이런 이치를 외면하고 몸의 편함만을 생각하다보면 정신적으로는 무척 피곤함을 느끼고 살 뿐이다.

171	庶	幾	中	庸	172	勞	謙	謹	勅
	가까울 서	가까울 기	가운데 중	떳떳할 용		수고로울 노	겸손할 겸	삼갈 근	경계할 칙
	서	기	중	용		노	겸	근	칙

중용에 가까워지려면 부지런하며 겸손하고 삼가고 조심해야 한다. 부지런하고 겸손하여 서로 위로하고 다스리면 도에 이른다는 말이다. 삼복의 더위도 오는가 하면 갈 것이고, 다시 추위가 오면 삼복더위도 그리워지는 법이다.

지나고 나면 부질없는 것이지만 지금의 만족을 모르고 부족한 것만 탓하니 족하면서도 허전하다 하며 허공을 헤매는 것 같다.

중용을 설명하려고 중용의 글을 조금 사용했지만 중(中)이라 가운데라는 것과 용(庸)은 어떠한 상태에 놓여있는 바른 상황, 지켜야 할 정도나 도리 정도로 알 뿐이다. 이런 리(理)나 도(道)를 가볍게 생각하는 것 같아 망설여지지만 양심적으로 살려는 마음이 작용한다면 바른 삶으로 알고 산다.

주위의 유혹에 현혹됨이 없으면 바른 생각이라고 하지만 나의 정의도 남이 보면 눈살을 찌푸릴 수도 있다. 그것은 정도가 아닐 수도 있으니 정도나 도리는 정해진 길이 없는 것 같다. '바르게 살자' 라고 옳은 말을 하면 '네가 무슨 공자나 예수님인 줄 아느냐'고 비웃을 수도 있다.

내가 바르다고 결정한 것을 버리지 않으면서도 중용을 인용하지 않아도 겸손하고 삼갈 줄 안다면 그것이 양심적인 삶이며 바른 삶이다.

173	聆	音	察	理
	들을 영	소리 음	살필 찰	이치 리
	영	음	찰	리

174	鑑	貌	辨	色
	볼 감	모양 모	분별할 변	빛 색
	감	모	변	색

소리를 듣고 이치를 살피며 용모를 보고 기색을 분별해야 한다. 모양과 거동을 보고 그 사람의 심리를 분별한다. 말씨는 그 사람의 인격이다. 한마디 한마디의 말속에는 그 사람의 됨됨이가 숨어 있다.

그 사람의 외모를 인품이라 한다. 말씨나 몸가짐에서 풍기는 아주 미세한 것이라도 그 거동을 보면 다 드러나게 되어 있으니 감추려 해도 소용없는 것이다.

175	貽	厥	嘉	猷
	끼칠 이	그 궐	아름다울 가	꾀 유
	이	궐	가	유

176	勉	其	祗	植
	힘쓸 면	그 기	공경 지	심을 식
	면	기	지	식

아름다운 계책을 끼치면 그것의 바른 도를 받들어 심김에 힘써야 한다. 착하고 아름다운 것을 후손들이 배워 간직하게 하는데 힘써야 한다는 말이다. 훌륭함이 후대까지 전해지도록 행동함이 몸에 배도록 힘쓰자. 내가 하는 행동은 내 것이지만 그것

을 보고 배우기도 하고 비웃기도 한다는 것을 잠시도 잊어서는 안 될 것 같다.

내 못된 버릇을 손자들이 본받기를 원치 않는다면 자연히 좋은 말씨, 좋은 몸가짐을 할 것 같다.

177	省	躬	譏	誡	178	寵	增	抗	極
	살필 성	몸 궁	나무랄 기	경계할 계		괼 총	더할 증	겨를 항	다할 극
	성	궁	기	계		총	증	항	극

자기 몸에 나무라거나 경계할 점이 있나 살피고 총애가 더할수록 교만하지 말고 극진해야 한다.

총애가 더할수록 교만한 태도를 부리지 말고 더욱 조심하여 윗사람의 총애에 보답해야 한다.

□ 마음의 상처

진실은 부인할 수 없는 것이다. 사실을 부인한다는 것은 또 다른 죄악을 만드는 것이다. 마음의 상처란 외부에는 나타나지 않지만 외부에 입은 상처보다 더 깊고 끔찍한 것일 수도 있으니 마음의 상처를 줄 수 있는 언행을 조심해야 한다.

특히 가족이나 가까운 사이일수록 무심코 던진 한마디 말에도 상대에게는 씻지 못할 상처가 될 수 있는 것이다.

'남도 아닌 사람이 어찌 나에게…'라고 한다면, 그 파장은 끝이 없어 수습하기 어려워진다. 그러니 가까운 사이일수록 언행을 조심해야 한다.

'다 주어도 아깝지 않다'라는 말이 있다. 다 주고도 아까울 것이 없다니 의아할지 모르지만 세상에는 그런 것도 존재한다. 그것은 부모의 마음이라는 것이다.

아무리 미운 짓을 해도 밉게 보이지 않고 그 미운 짓을 가슴에 담아두지 않는다. 그리고 서운한 아내의 말도 몹시 불쾌하지만 오래 간직하지 않는다.

수무상형(水無常形)이라는 말을 해보자. 물은 일정한 형태가 없다. 정지된 고여 있는 물이나 흐르고 떨어지는 폭포수들도 외부의 물리적인 작용에 의하여 형태는 변할 수 있으나 쉬지 않고 움직이면서도 그 성질은 변하지 않는다.

그런데 사람의 마음은 어떠한가. 외부에 조그마한 충격에도 동요하고 혼자의 마음속에서도 갈등이 일어나니, 이런 마음의 변화라는 것은 항상(恒常) 움직이는 변화로 상형(常形)이다.

항상 지켜야 할 상도(常道)의 바른길로 서로 통하여 공감하지 못하고 진아(眞我), 즉 '참다운 나'라는 자연 친화적인 인간의 본성(本性)을 흐리게 하니 혼란스럽다.

참다운 나로 살기가 어려운 것 같으니 모든 일들을 그저 관망하며 살아갈 뿐 '왜?'라고 할 수도 없고 '응!'이라 대답할 수도 없다. 과거 흐리멍덩하고 불분명한 삶을 살아온 우리들이 거쳐 온 길인 것 같아 뒤돌아보고 후회도 하지만 '돌이킬 수 없는 길은 다시는 가지 말자'라고 하고도 또 그 길을 가려고들 한다.

'왜'와 '응'은 상대의 질문에 답하기 곤란할 때 확실치 않아서 얼버무리는 대답이기도 하는 알쏭달쏭한 대답이다.

상대의 물음에 확답을 준다면 이런 것을 분명한 사람이라고 한다. 그런 분명함을 원하면서도 자기는 확실한 답변을 피하려는 사람이 늘고 있다.

다 알리면 손해라고 생각하고 나만의 앎을 숨기어 두었다가 꼭 필요할 때 마지막 카드로 사용하려 한다. 내가 절박할 때 돌파구가 될 수 있는 숨김, 그냥 감추고 싶고 다 털어 놓으면 어딘가 허전하여 자신이 발가벗은 알몸을 드러내 놓은 것 같은 허전함 때문일까.

'너에게만은 다 털어 놓는다' 하면서도 숨김이 있다면 '다'라는 그것이 '전부'가 아닌 '조금쯤'의 잔재(殘在)라는 것이니, 그런 남음이 있는 것은 당연할 것이다.

그렇게 여기며 자연스럽게 늙어가고 있다 하겠으나 늙으면 모든 기관이 탈이 나고 짜증스러워 본의 아니게 마음에 없는 말을 마구 지껄여 여러 사람의 마음에 상처를 줄 수 있다.

그러다가 해명할 기회도 없어지고 해명해도 들어주지 않는다면 점점 골이 깊어갈 것이다.

그 어휘라는 말투 때문에 듣는 사람에 따라 차이가 있을 수 있으니 사람에 따라 같은 말도 욕이 된다는 것을 염두에 두자.

<table>
<tr><td rowspan="3">179</td><td colspan="4">殆 辱 近 恥</td><td rowspan="3">180</td><td colspan="4">林 皐 幸 卽</td></tr>
<tr><td>위태할 태</td><td>욕될 욕</td><td>가까울 근</td><td>부끄러울 치</td><td>수풀 임</td><td>언덕 고</td><td>다행 행</td><td>곧 즉</td></tr>
<tr><td colspan="4">태 욕 근 치</td><td colspan="4">임 고 행 즉</td></tr>
</table>

위태롭고 욕된 짓을 하면 부끄러움이 가까워지니 숲이 우거진 언덕에 사는 것이 행복할 것이다. 부귀할지라도 겸손히 사랑하여 물러날 때가 되면 미련을 버리고 낙향하여 초야에서 조용히 사는 것을 다행으로 여긴다는 말 같다.

욕심을 버리지 못하고 자기가 아니면 안 된다는 망상 때문에 모든 일에 간섭하려 하고 하찮은 실력을 자랑하려고 한다. 물러난 자의 과거는 지나갔다. 과거에 따르던 부하직원이나 후배들이 몰라서 섬긴 것인 줄 착각하여 아직도 자기만의 생각을 고집한다면 어리석은 우물 안 개구리인 것을 알아야 한다.

세상에는 나보다 나은 사람이 넘쳐나고 있다. 알량한 앎을 내세워 나만을 고집한다면 따돌림보다 모자라는 한심한 사람이 되고 만다. 과거를 고집하고 수하에 있던 사람들이 할 수 없어 어른 대접을 해주니 자기가 아직도 유능한 줄로 착각하는 인사들이 많은 것이 사실이다.

잔잔하던 세상에 이따금 나타나 책임도 못질 아리송한 말을 하여 웃음거리도 되고 쓸데없는 파문을 던져 소란스럽게도 한다. 물러난 자는 조용히 관망하여 되도록 말을 아껴야 봉변을 면할 수 있고 존경을 받게 되니 이것이 품위라는 것이다.

알고도 말하지 않는 것은 부끄러운 것이 아니니 조금 아는 것은 자랑하려고 하지 말자. 공자님 앞에서 문자를 쓴다고 공자님이 노여워하지 않는다. 그러나 적은 것을 알고 있는 사람에게 더 적은 것 하나를 안다고 뽐내다가는 조금 더 아는 사람에게 봉변을 당하게 된다.

많이 아는 사람은 적게 알든 조금 알든 다 가련하게 생각할 뿐 노하지 않는다는 사실을 알아야 한다.

181	兩 疏 見 機				182	解 組 誰 逼			
	두 량	성길 소	볼 견	때 기		풀 해	끈 조	누구 수	핍박할 핍
	양 소 견 기					해 조 수 핍			

양소(소광과 소수)는 때를 보고 관(冠)의 끈을 풀었으니 사직함을 누가 핍박하겠는가. '관의 끈을 풀다' 즉, 벼슬을 버리고 물러나니 누가 그를 괄시하겠는가.

벼슬을 버리고 물러날 때를 알아야 한다는 말이다. 관직에 충실하고 때가 되어 물러남이 정정당당하다면 그를 괄시할 사람은 아무도 없을 뿐 아니라 그를 존경할 것이다.

현직에서 물러남도 여러 유형이 있다. 무능해서, 비리를 저질러서, 적성에 맞지 않아서 스스로, 그리고 상사에게 누를 끼쳐 자진하여 물러나기도 하지만 물러나기 싫어도 강제 혹은 권고 사직이라는 좋지 못한 스캔들을 남기는 일들도 있다.

한때는 주류니 비주류니 하며 큰소리치던 실세(實勢)들이 크고 작은 비리로 실세(失勢)가 되고 친(親)이 비(非)로 변한다. 이런 비주류가 다분(多分)하여 '민심(民心)이 당심(當心)'이라는 명분을 내세워 대통합(大統合)이라는 그럴듯한 구호를 내세운다. 어제의 역전용사인지 적인지도 알 수 없는 연합군이 되어 모여들지만 잡음은 늘어나니 환영보다는 괄시(恝視)할 수밖에 없는 일들이 일어나고 있다.

사람은 과오가 적거나 크거나 그것을 숨겨서는 안 된다. 다스릴 때나 물러날 때도 바른 마음으로 물러남을 원한다. 측근은 영원한 측근이어야 하며, 측근이라고 그들의 잘못을 비호해서도 안 된다. 이제는 실세나 주류를 비호하고 옹호하여 보호막의 그늘에서 은폐축소라는 말을 사용해서도 안 되고 듣고 싶지도 않은 말들이다.

대한민국이 대통합(大統合)하고, 남과 북이 이념을 같이하는 하나의 국민으로 대통합할 수 있는 기발한 안을 내놓는 사람이 있다면 노벨평화상 또한 우리의 것이 틀림없을 것 같으니, 제2의 노벨평화상을 기다리자.

□ 오피스텔

간단한 주거 시설을 갖춘 업무용 사무실로서 공무나 사무를 보는 공간이다. 사무실 전용은 아니지만 잠도 자고 쉬기도 하며 그리고 식사도 해결할 수 있는 그런 공간이지만 지금의 오피스텔은 변질된 것 같다. 그곳을 이용하여 퇴폐장소로 제공되고 원래의 목적 외에 다른 용도로 사용되고 있으니 옆 사무실에 사는 선량한 입주자는 할 말이 없다.

원룸이나 오피스텔은 주로 영세업자들의 업무공간이며 삶의 공간으로서 임대를 목적으로 지어진 영세민을 위한 건축물이다. 그런 건축물이 있는 자들의 유흥을 위한 휴식공간으로 둔갑하여 밀실영업을 하니 아무리 새로 집을 짓고 서민을 위한다지만 그 좁은 원룸도 서민에게는 힘겨울 뿐이다.

<table>
<tr><td rowspan="3">183</td><td colspan="4">索 居 閑 處</td><td rowspan="3">184</td><td colspan="4">沈 默 寂 蓼</td></tr>
<tr><td>찾을
색</td><td>살
거</td><td>한가할
한</td><td>곳
처</td><td>잠길
침</td><td>잠잠할
묵</td><td>고요할
적</td><td>쓸쓸할
요</td></tr>
<tr><td colspan="4">색 거 한 처</td><td colspan="4">침 묵 적 요</td></tr>
</table>

한갓진 곳을 찾아 머무니 잠긴 듯 잠잠하고 고요하며 조용하다. 침묵으로 세상 번뇌를 피하여 항상 말을 아끼어 맑고 착하고, 그리고 공허하게 지내는 것을 말한다.

현대인은 바쁘고 고달프다고 한다. 그 고달픔을 풀어버리려면 조용하고 한적한 곳에서 편안한 휴식을 가져야 한다. 그런 공간이 콘도나 팬션으로만 알았는데 원룸이나 오피스텔이라는 곳도 한적한 휴식공간이 된다니 취미도 취향도 각각인 것 같지만 남에게 피해를 주지 않는 곳이었으면 한다.

185	求	古	尋	論	186	散	慮	逍	搖
	구할 구	예 고	찾을 심	의논할 론		흩을 산	생각 려	노닐 소	노닐 요
	구	고	심	론		산	려	소	요

옛것을 구하고 찾고 토론하며 걱정을 흩어버리고 한가로이 노닌다. 세상일을 잃어버리고 자연 속에서 한가히 즐긴다는 것이다. 예나 지금이나 사람 사는 것은 마찬가지인 것 같다. 산수를 대하면 즐거워지고 마음에 여유가 생기는 것 같다.

그러나 이런 한가로운 산촌이나 농어촌은 점점 폐허가 되어간다. 그뿐 아니라 심지어 도심의 중심이 되는 구옥(舊屋) 가구가 모여 있는 곳도 외면하고 변두리에 새로 생기는 화려한 신도시 단지로 몰려든다. 이런 현상으로 인구는 점점 줄어도 학교는 새로 지어야 한다. 시골학교나 도심에는 학생이 없어 폐교가 늘어나지만 새로 생기는 신도시 아파트단지에는 학교가 부족하니 막대한 예산을 들여 학교를 지어야 한다.

이런 불균형한 발전으로 넘치는 곳과 모자람이 일어나지만 좋고 편한 것만 택하려는 사람의 욕구를 막을 수는 없는가 보다.

며칠 전에 아주 오랜만에 내가 다니던 초등학교에 다녀왔다. 개교 61주년인 이 학교의 학생수는 겨우 2~30명, 한 학년이래야 열 명도 안 되는 인원으로 수업을 하니 폐교 직전이라고 한다. 그나마도 학구가 다른 인근 학교에서의 유치경쟁으로 학생마저 빼앗길 우려가 있다니 폐교는 시간문제인 것 같다.

하지만 대세의 흐름을 어떻게 할 것인가. 역사와 전통 그리고 잘 가꾸어져 있는 아담한 교정이지만 그곳의 주인인 학생이 없으니 '폐교가 오는 그 날까지 기다릴 수밖에 없지 않은가'하는 무책임한 말을 남길 수도 없고, 아무리 머리를 짜본들 대책이 없었다.

옛날을 생각하고 정답던 인정을 떠올리며 옛 친구도 만나 토론도 하고 그간에 쌓였던 걱정도 말끔히 씻어 버리려고 했는데 어릴 적 고향의 낭만은 간데없었다. 무거운 마음의 짐만 안고 돌아올 수밖에 없는 현실 앞에 인간의 힘이란 참으로 보잘것없는 작은 것임을 알았다.

이런 문제가 단순한 저출산 때문에 인구의 감소로 인한 문제일까. 매년 폐교되고, 새로 짓고, 의무교육 확대, 학생배치 고교평준화, 교원 수급, 학구 조정, 우수교수 초빙 등의 구호는 살아있지만 실천은 얼마쯤 되고 있는가.

사람은 산촌의 낭만적인 삶을 동경하면서도 왜 시끄러운 도심으로 몰려드는가. 이런 숙제를 풀어야할 정치인은 없는 것인가. 알고도 모른 척하는 것인가.

□ 지적허영(知的虛榮)

내가 즐겨 쓰는 나만의 말이다. 작은 앎을 가지고 많은 것을 아는 체하는 것을 꼬집기 위하여 사용하는 뜻으로 '지적인 불구'와 같이 사용해보았다. 적은 앎으로 많은 것을 아는 체하다가 봉변을 당하기 일쑤이다.

우리 속담에 벼는 익을수록 고개를 숙이고 사람은 배울수록 머리를 낮춘다는 말이 있다. 공연히 아는 척, 잘난 척하다가는 망신살이 뻗친다는 말이 있듯이 알려면 정확히 알아야 할 것 같다.

부족한 것을 채우려면 음료수 광고처럼 2% 부족할 때 채우면 되겠지만 우리가 채워야할 지식이란 무한대(無限大)이므로 일부의 앎이나 잘못 안 것을 자랑한다면 이런 것이 허영이고 그릇된 앎이기에 '지적허영'이니 '반신불수'라 칭한 것이다.

187	欣	奏	累	遣	188	慼	謝	歡	招
	기쁠 흔	아뢸 주	묶을 루	보낼 견		슬플 척	물러갈 사	기쁠 환	부를 초
	흔	주	루	견		척	사	환	초

기쁜 일은 아뢰고 나쁜 것은 보내니 슬픔은 물러가고 기쁨은 부른 듯이 온다. 마음의 슬픈 것은 없어지고 즐거움만 부른 것 같이 찾아온다는 말이다. 기쁜 일이든 걱정되는 일이든 알릴 것은 알리고 숨길 일은 숨겨야 된다. 조금 좋은 일을 했다고 호들갑스럽게 떠들어대는 것도 경솔하다. 숨기려고 애를 쓴다면 숨겨지지 않고 숨길수록 어려워진다. 기쁨은 나누면 두 배로 늘어나고 슬픔은 나누면 반으로 줄어든다.

누견(累遣)은 묶어 놓고 보낸다는 뜻이다. 이상한 말인 것 같지만 좋은 일은 알려지고 좋지 못한 일은 숨겨도 알려지게 된다. 그러니 있는 대로 알리고 숨김이 없어야 한다. 다 털어놓으면 심중(心中)의 슬픈 것은 없어지고 즐거움은 부르는 듯 오게 된다.

해석하기 어려운 말이다. 한자(漢字) 문화권(文化圈)에서 생겨난 글을 무시할 수도 없어 읽기도 하고 그 뜻을 이해는 하지만 확실하게 설명하거나 풀이할 수 없는 문장(文章)을 대하면 미묘(微妙)한 마음의 갈등이 생김은 나 역시 지적허영일 수밖에 없음을 안다.

189	渠	荷	的	歷	190	園	莽	抽	條
	도랑 거	연못 하	맑을 적	밝을 력		동산 원	풀 망	뺄 추	가지 조
	거	하	적	력		원	망	추	조

도랑의 연꽃은 밝고 환하고 동산의 풀은 가지를 뻗는다. 풀꽃들은 땅속으로 뿌리를 뻗어 양분을 받아 크게 자란다. 이런 글은 액면 자체만을 해석한 것이다. 도랑가에 핀 연꽃은 고운 것

이 분명하다. 동산의 풀은 가지가 뻗어 오른다. 이런 풍경을 함축할 수 없을까.

녹음방초(綠陰芳草)라 하면 연꽃이 빠진 것 같으니 무성하게 자란 풀덤불 옆 개울가에 연꽃이 아름답게 피어 있다고 한다면 잘 어울릴 것도 같다. 꽃은 한때 잠깐 동안 피었다가 사라진다. 녹음은 이른 봄에 싹이 트면 여름 내내 무성하다 가을이 되어 곱게 물들고 겨울이 되어야 떨어진다. 여름날 연못에 핀 연꽃이 화려하지는 않아도 깨끗하고 우아함이 일품이다. 우리나라 연꽃은 못이나 늪에서 자란다.

중국은 구거(溝渠, 도랑)나 수로(水路), 운하(運河) 등지에서도 자생한다. 널따란 잎이 물속에 잠겨도 물에 젖지도 않고 물기를 머금고 살면서도 깔끔하고 맑은 잎을 나는 좋아한다.

적력(的歷)은 선명한 것을 의미한다. 원(園)과 망(莽)은 동산이다. 담장으로 둘러싸인 동산, 그리고 숲으로 우거진 정원(庭園) 하면 일본 사람들이 즐겨 쓰는 도심 속에 인위적으로 조성된 작은 동산이다. 우리는 정원(庭苑)이라고 쓰고 있다.

그 어원은 궁원(宮苑)이라는 궁중의 동산에서 온 것이 아닌가 추측할 뿐이지만 가꾸어진 꽃동산의 화원(花園)은 만들어진 동산이다. 자연 그대로의 우거진 숲을 추조(抽條)하여 무성한 나뭇가지를 베고 다듬어 가꾸기도 하는데 수풀이 무성한 정원을 임원(林苑)이라고 한다. 복잡한 도시에서 자연 그대로의 공원을 볼 기회가 없으니 아파트 베란다를 이용하여 작은 정원을 만들어 사용하기도 하고 화분 몇 개를 베란다에 두고 감상하기도 한다.

191	枇	杷	晚	翠	192	梧	桐	早	凋
	비파나무 비	비파나무 파	늦을 만	푸를 취		오동나무 오	오동 동	이를 조	시들 조
	비 파 만 취					오 동 조 조			

비파나무는 늦게까지 푸르고 오동나무는 일찍 시든다. 비파는 악기이다. 만취는 오래도록 푸르다는 뜻이다. 오동잎은 가을이 되면 다른 잎들보다 일찍 낙엽이 진다. 오동잎은 다른 잎보다 크기 때문에 오랫동안 지탱할 수 없기 때문인 것 같다.

만취는 해질녘 물가에 사는 물총새의 날개빛처럼 청록의 비취색이 감도는 오동나무로 만든 거문고의 음률이랄까.

조(早), 이른 아침 햇빛이 사방으로 퍼져 비추다가도 저녁이 되면 조(凋), 시들어 오동나무 잎 떨어지듯 하니 슬퍼할 수밖에 없을 것 같다.

193	陳	根	委	翳	194	落	葉	飄	颻
	묵을 진	뿌리 근	시들 위	말라죽을 예		떨어질 락	잎 엽	나부낄 표	나부낄 요
	진 근 위 예					낙 엽 표 요			

묵은 뿌리는 시들어 말라죽고 떨어진 잎은 바람에 나부낀다. 라의표요(羅衣飄颻)는 비단옷의 화려한 옷소매가 늘어져 바람에 나부끼어 부드럽게 휘날린다라는 표현이다.

염염편편(冉冉翩翩)은 늘어져 부드럽게 나부낀다는 표현이다. 가을이 오면 고목의 뿌리도 시들기 마련이며 오랜 세월 시들고 마르면 나무뿌리가 힘이 없어지게 되고 아무리 큰 고목도 쓰러지게 된다.

단풍(丹楓)이 낙엽(落葉)되어 바람에 날려 떨어지는 동요풍(動搖楓)은 쓸쓸한 감정을 일으킨다. 나뭇잎 떨어져 회오리바람에 이리 저리 나부끼는 경치를 상상하여 그려보자.

이런 정경(靜景)을 눈으로 보지 않아도 마음으로 그려볼 수 있는 풍경이니 나는 지금 마음으로 보는 여행길을 혼자 조용히 가고 있는 중이다.

□ 이슬람교

세상에는 교(敎)도 많지만 우리 주변에는 이슬람교를 믿는 사람이 별로 없는 것으로 안다. 그 교를 믿는 아프간 국가의 일부 단체들이 우리의 국민을 납치하여 온 세상을 시끄럽게 하고 사람을 해치고 있으니 국내외로 불안하고 분노할 일이다.

'이슬람'이란 평화(平和)라는 뜻을 가진 말로 '신에게 복종합니다'라는 뜻이 담긴 말이라고 한다.

세상에 어떠한 종교도 사람의 목숨을 해칠 권리가 없고, 더구나 사람의 목숨을 담보로 자기들의 목적을 달성하려는 것은 교리에도 벗어나는 비인간적인 행위라는 것을 알고 있을 텐데 이런 끔직한 일을 저지르고 있다.

아프가니스탄 탈레반 무장세력들은 무엇을 위하여 무장을 했는가. 무고한 타 국민을 억압하여 납치 감금하고 자기들의 조건을 요구한다면 비겁한 단체일 수밖에 없다. 목적을 위해서 양심을 저버리는 행위이다.

종교를 가지고 그 교리를 믿고 행하는 종교인이 다른 교를 믿는다고 그들을 탄압할 권리는 없다. 나의 믿음이 중요하면 남의 믿음도 중요하거늘 내 목숨이 중요한 것처럼 남의 목숨 또한 귀한 것이다. 사람의 고귀한 생명은 누구도 해칠 권리가 없다. 병이 나거나 노쇠하여 죽음에 이를 때까지 자연의 섭리대로 주어진 삶을 살아야 하기에 아무도 죽음에 이르게 할 수는 없다.

사리분별(事理分別)을 할 수 없는 뇌사(腦死)의 삶을 사는 사람에게까지도 죽게 할 권리라는 것은 인간에게는 없는 것이다.

'사람을 죽인 사자(死者)는 사(死)해야 한다'는 과거의 사형집행제도를 반대하는 목소리가 점점 늘어나고 있는 지금, 이런 어처구니없는 사건을 대하게 된다.

양심의 도리는 세계 공통의 진리로 알고 사는 우리에게 경악이라는 단어로는 설명할 수 없는 이변(異變)들이 세계 역사 속에서 수시로 발생하니, 하늘의 해를 가릴 수 있는 일이 일어나기 전에는 없어지지 않을 것 같은 불안한 세상인 것 같다.

하늘을 가리는 구름 강소(絳霄)라는 글귀가 떠오른다. 태양 주위에 일어나는 띠구름이다. 옛날에는 해무리나 달무리를 보고 일기를 점치기도 하고 운세를 살피기도 했다는 아버지 말씀이 떠올라 과거에 배운 천자문 구절에 있는 소(霄)라는 글자인 하늘 소는 진눈깨비의 뜻도 있다. 태양 주위에 일어나는 기운이라는 글자가 잊혀지지 않아 나름대로 해석도 해본다.

195	遊	鯤	獨	運	196	凌	摩	絳	霄
	놀 유	곤어 곤	홀로 독	움직일 운		건널 능	가까이할 마	붉을 강	하늘 소
	유	곤	독	운		능	마	강	소

노니는 곤어는 홀로 움직이다가 붉은 하늘로 건너가 닿는다. 곤어는 큰 물고기이다. 그 물고기가 붕새로 변하여 한 번 날면 구만리장천을 난다고 한다. 대붕(大鵬)새, 그런 큰 새가 있는지는 알 수 없으나 전설 같은 일들이 현실로 닥치고 보면 지나간 옛 전설이 그냥 전설인 것만도 아닌 것 같아 어안이 벙벙하다.

이런 서책들을 어디까지 믿어야 할지 모르겠지만 책은 많이 읽을수록 좋은 것 같아 오늘도 책을 읽고, 책의 내용을 내 것으로 만들어 잊혀진 글들을 생각하며 그것을 바탕으로 글을 쓰고 있다.

197	耽讀翫市				198	遇目囊箱			
	즐길 탐	읽을 독	즐길 완	저자 시		붙일 우	눈 목	주머니 낭	상자 상
	탐독완시					우목낭상			

독서를 좋아함에 저잣거리에서도 즐겼고, 눈여겨보면 주머니와 상자에 담는 것 같다. 글을 읽지 않으면 책을 상자 속이나 주머니에 넣어두는 것과 같다고 풀이해보자. 책은 읽으려고 만들어진 것이며 그것을 독서(讀書)라고 한다.

나를 무(無)에서 유(有)로 가게 하는 독서, 무에서 알게 하는 지(知)로 이끄는 것이 책이다. 무지는 어둠이며 앎은 빛이다. 밝음의 길로 이끄는 빛을 보게 된 동기가 책이다.

그런 빛을 찾는 것이 책이지만 반드시 교양이나 지혜를 주는 것만도 아니다. 교양이나 지식을 주는 책도 내가 올바르게 읽고 바른 가르침을 온전하게 받아들여야 내 것이 되는 것이다. 글을 백 번 읽으면 저절로 그 뜻을 깨우치게 되어 경지에 도달하게 된다.

독서삼도(讀書三到)라는 말이 있다. 심도(心到), 안도(眼到), 구도(口到), 이는 마음과 눈과 입을 모아 오로지 글에만 집중해야 한다는 뜻이다. 독서삼매(讀書三昧)란 오직 책읽기에만 몰두(沒頭)하는 경지를 말한다. 독서삼여(讀書三餘)란 책 읽기에 알맞은 여가로 겨울과 밤 그리고 비 내리는 날이 제격이다.

독서상우(讀書尙友)는 책을 읽음으로써 옛 현인(賢人)들과 벗할 수 있는 기회가 된다는 말이니 '일일불독구중형극(一日不讀口中荊棘), 하루라도 책을 읽지 않으면 입에 가시가 돋는다'는 안중근 의사의 휘호가 생각난다.

휘호(揮毫)나 유묵(遺墨)이란 글씨나 그림을 이르는 말로 살아 있을 때 써둔 것을 말한다. 안중근 의사는 구한말 교육가이며 의병장인 의사(義士)이며 조국에 충실한 자랑스러운 분이다.

"나는 과연 큰 죄인이로다. 바로 내가 착하고 약한 나라의 백성이 된 죄로다. 일본법에는 사형보다 더한 형벌은 없는가"라는 충정 어린 말들, 그의 유묵에 찍혀진 장인(掌印, 손바닥 도장)을 보고 있노라면 마음이 무거워진다.

199	易	輶	攸	畏	200	屬	耳	垣	墻
	쉬울 이	바 유	가벼울 유	두려울 외		붙을 속	귀 이	담 원	담 장
	이	유	유	외		속	이	원	장

쉽고 가벼움을 두려워할 바이니, 담장에도 귀가 붙어 있어서이다. 벽에도 귀가 있으니 경솔히 말하는 것을 조심하라는 말이

다. 깜도 안 되는 말이다. 의혹이 난무하는 세상, 측근이 왜 주인을 속이나, 구중궁궐(九重宮闕)이라는 말이 사실인 것 같다.

베일 속에 싸여 깜도 안 되는 깜깜할 수밖에 없는 과거 제왕들이나 지금의 대통령들도, 무능한 참모들의 속임수에 판단력이 흐려지면 바른 정책을 펼 수 없다는 것은 똑같은 진리인 것 같다.

석・박사가 꼭 교수가 된다는 것도 모순은 있지만 능력 없는 박사보다는 능력을 가졌다면 교수가 되는 사례도 있고, 국가기술자격증제도를 활용하고도 있다.

기사(技師) 1급은 석사(碩師)와 동일하다. 기술사(技術師)는 박사와 동일한 지위가 주어져 있다. 박사가 아니라도 건전하고 유능한 기능(技能)을 갖춘 장인(匠人)인 기능장도 있다.

이들이라면 교수가 된다 해도 가르치고 배움에 문제가 될 것은 아무것도 없을 것이다. 그런데 문제는 가짜박사에 무능한 교수로 둔갑한 사실보다 그를 주선한 고급관리와 가까운 사이라는 보도이다.

가까운 사이라면 얼마나 가까운가. 아무리 속이려고 봉쇄하고 옥조이며 툭하면 법적대응 운운해도 법보다도 민심이 있거늘 법(法), 법 하지 말았으면 한다.

우리는 착한 민족이니 법이 없어도 잘 살 수 있는 민족이다. 그러나 법이 있어도 무법천지인 줄 알고 국민을 속이려는 하다니…. 벽에도 귀가 있다는 천자문 좀 읽었다면 조금은 도움이 되지 않았을까?

우리나라 진도에는 아주 충직한 견공이 있다. '한 번 주인은 영원한 주인이며, 한 번 해병도 영원한 해병이다' 라는 말들도 있는데 한 번 해병은 못 돼도 진도 견공만도 못해서야… 영 체면이 말이 아니다.

나는 추리(推理)라는 것으로 천자문을 해석하며 써가고 있는데 이것이 깜도 안 되는 엉터리 천자문 소설이 되어서 이런 소설 같은 사회와 닮은꼴이 될까 두렵다.

지금 우리 주위에는 과거와 닮아가는 모방 스캔들이 심심찮게 터지고 있다. 세상을 떠들썩하게 한 불법로비, 그것도 국방사업인 백두사업이라 명명된 거래 뒤에 애정행각이 있었는데 그와 유사한 사건이 또 일어나고 말았다.

친반(親反)이라는 말을 많이 듣기도 하고 사용하며 살았다. 반일 · 친일 하다가 반대 · 찬성, 친이든 반이든 이제는 정신 좀 차리자. 정도(正道)의 길만 고집하신 우리의 애국지사 분들의 참뜻이 무엇인가 정도는 알아야 한다.

"나라를 잃은 나는 크나큰 죄인이다. 사형보다 더한 형벌은 없는가"라고 하신 그분의 뜻을 생각하며 스스로 가야 할 길이 무엇인가 알았으면 그 길로 가자.

□ 교체(交替), 교체(交遞)

서로 갈림을 말한다. 새로 사귀어 쓸모없는 것을 버리고 새로운 것으로 바뀌는 것을 의미한다. 그러나 정권교체(政權交替)라 함은 낡은 것을 버리고 새 것으로 바꾸는 것으로 생각해서는 안 된다. 좀 더 새로운 것으로 옛것과 타협해서 정정당당하게 이루어져야 한다. 타협도 없이 강제로 혹은 물리적인 강압으로 이루어진다면 그것은 혁명(革命)이다.

우리는 정당한 교체를 이루려 하고 있다. 교체라는 것이 정권뿐 아니라 모든 면에서 자연스럽게 이루어져야 한다. 국가나 사회 그리고 가정 살림에도 적용된다. 가정에서는 부양(扶養)이 피부양으로 바뀌는 것이 자연스러운 현상이다. 이런 현상을 고집하여 임기를 아쉬워하고 후계자를 내 마음 먹은 대로 정하려 한다면 적지 않은 소요가 따르기 마련이다.

교체할 수밖에 없는데 교체할 상대가 없다고 한탄한다. 우리 속담에 '이가 없으면 잇몸으로 산다'는 말이 있다. 없으면 없는 대로 있으면 있는 대로 세상사는 꾸며가기 마련인데, 내가 아니면 안 된다는 나만의 생각은 혼자만의 자만이다.

'치아가 그렇게도 좋았는데…'하면서 치과를 찾아가도 별로 신통한 치료법이 없으니 아쉬울 뿐이다. 치아는 오복의 하나라 했는데 그 이빨 빠진 호랑이가 아무리 용맹을 떨쳤더라도 그 일을 할 수 없다면 이빨 빠진 종이호랑이일 뿐이다.

'과거에는 그래도 알아주던 사람인데…'라고 하지만 이제는 이도 시리고 눈도 침침하고 모든 의욕이 시들해지니, 하고자 하는 욕망만 가지고 이룰 수 없는 일들을 고집으로 이룰 수는 없는 것이다. 흐르는 물도 항상 그 길로 가라는 법이 없는 것같이 심한 장맛비가 넘쳐 제방을 앗아가기도 한다. 물줄기가 바뀌고 천재지변이 일어나도 끄떡없다는 그곳도 물에 잠기니 할 말이 더욱 없다.

오늘도 비가 많이 온다. 점점 세차지더니 '쏟아 붓는다'라고 하면 허풍일 것 같은 사실이 지금 일어나고 있다. 우리나라 기후는 사계절이 뚜렷했지만 아열대로 변하고 있다고 한다.

국지(局地)성 호우(豪雨)라는 말이 자주 등장한다. 기온이 상승하여 해수면이 높아지고 이상기온으로 동식물의 서식(棲息) 분포(分布)가 달라진다고 우려한다. 늦더위가 오기도 하고 사계절이 삼계절로 바뀐 것 같지만, 그런 변화를 내가 논할 일이 아닌 것 같은데 그 본질은 어디 가고 이런 하찮은 일기의 변화에 호들갑인가. 그러나 인간은 역시 주위 환경에 따라 변해야 할 수밖에 없는 동물이기에 나도 별 수 없이 적응할 수밖에….

오늘도 좋은 친구들과 어울려 정권교체를 운운하였다.

교체(交替)의 글자는 대신할 체(替), 갈마들일 체(遞), 두 가지로서 체신(遞信) 하면 순차로 여러 곳을 거쳐서 소식이나 편지 따위를 전하는 체신부(遞信部), 우체부(郵遞夫)라는 뜻이다.

그런데 이것을 쓰는 것이 맞느니 틀리니 하며 많은 대화를 나누었으나 결론을 얻지도 못하고 서로 자기주장만 내세우다 말았다. 대화란 무지를 일깨워주는 진실한 충고인데, 나는 진실을 거부하지 않는데 왜 이런 언쟁을 했는가.

확실치 않으면 논쟁을 말자고 다짐하며 필을 들었지만 엉뚱하게 이런 하찮은 일로 미로를 헤맸는지 나도 모를 일이다.

정신 놓고 살아온 나를 잃어버리기 전에 다시 찾으려고 한다면 찾을 것도 같지만 잃으면 잃은 대로, 알면 아는 대로 살아가려고 한다. 이런 것을 무능하고 어리석은 것이라 할지라도 그나 나나 똑같은 것이거늘, '그래도 너보다 내가…' 하는 자위를 갖는다면 아직 희망이 있다고 할 수 있다.

하지만 "젊은이여, 야망을 가져라!" 하고 좋은 명언을 말한 사람도 많지만, 그의 뜻을 기리고 그의 뜻에 따라 살 사람이 과연 얼마이며, 그 뜻을 따른다고 과연 그 길이 옳다고 여기고 간 사람이 있을까.

나는 나만의 세상에서 과거 성인의 뜻을 기리며 흠모하면서 살아왔는데 요즘 변천해 가는 세월에는 적응하지 못하는 것인가. 비평도, 수긍도, 그리고 새로운 주장도 못하는, 한심한 촌부도 못되는 미물로 살아가면서 조금 아는 것이 있다고 그것을 글로 쓰고 있으니….

아무도 읽어주지 않아도 서운하지 않은 것은 내가 쓴 책의 애독자는 나이기 때문이며 내가 쓴 책을 나의 일기로 내가 읽고 감동할 뿐이다. 남들은 아무도 알아주지 않는 교체되어 가는 세대차이 속에서 하고 싶고 알고 싶어서 잘 차려진 밥상을 만들려고 하지만 이제는 식량(食量)도 줄어들고 마음만 풍성한 마음 따로 몸 따로일 뿐이다.

사회생활이나 가정생활도 정권교체도 순리에 맡기고 자연으로 돌아가자. 자연현상을 인위적으로 막으려고 하지만 역부족일 뿐이다. 그러니 변화에 적응하고 살면 된다.

201	具膳飡飯				202	適口充腸			
	갖출 구	반찬 선	먹을 손	밥 반		맞을 적	입 구	채울 충	창자 장
	구 선 손 반					적 구 충 장			

반찬을 갖추어서 밥을 먹고 입에 맞추어 창자를 채우면 된다. 좋은 음식이 아니라도 입에 맞으면 배부르게 먹을 수 있다. 잘 차려놓은 밥상을 대하면 오늘이 생일날인가 한다. 하지만 생일은 1년에 한 번뿐이다.

매일 똑같은 생일날 같으면 생일이 별것도 아닐 것이다. 생일날 잘 먹으려고 3일을 굶었다는 말이 있지만 다 거짓말인 것 같다. 억지로 굶기란 어려운 것이다.

203	飽飫烹宰				204	飢厭糟糠			
	배부를 포	실컷먹을 어	삶을 팽	저밀 재		주릴 기	마음에찰 염	술찌게미 조	겨 강
	포 어 팽 재					기 염 조 강			

배가 부르면 삶은 고기도 그만 먹고 배가 고프면 술지게미와

겨도 달갑다. 배가 고플 때에는 음식이 좋고 나쁨을 따질 겨를이 없다. 시장이 반찬이다. '배부른 홍정'이라고 배가 부르면 아무리 정성 들여 지은 음식도 달갑지 않으니 이런 것을 투정이라고 하는 것이다. 나는 이미 배부른 홍정도 투정도 할 때가 지났다.

205	親戚故舊			
	친할 친	겨레 척	옛벗 고	친구 구
	친 척 고 구			

206	老少異糧			
	늙을 노	젊을 소	다를 이	양식 량
	노 소 이 량			

친척과 오래된 친구, 친척이나 친구는 언제나 신뢰(信賴)할 수 있어야 하고, 늙고 젊음에 따라 음식을 달리해야 한다. 노인과 젊은이는 식사가 다르다는 말이다. 늙을수록 치아가 약하고 소화력 또한 약하니 질기고 단단한 것, 그리고 차거나 자극성 있는 음식은 피해야 한다.

노인이나 아이들이 즐기는 식사는 서로 다르니 내가 좋아하는 음식만을 고집하지 말자. 내가 즐기는 음식도 계속 먹으면 실증나기 마련이니 조절하며 살자.

□ 숨겨진 비밀

'비밀은 없다'라고 하지만 세상에는 비밀리에 이루어지는 것들이 너무나 많다. 베일에 싸인 알 수 없는 일들은 더욱 알고픈 것이기에 숨기면 더욱 알고 싶어진다.

과거 우리는 '철(鐵)의 장막(帳幕)'이나 '죽(竹)의 장막'이라는 말들을 많이 사용하며 살았다.

제2차 세계대전 후, 소련과 동유럽 공산주의 국가가 채택한 정치적 비밀주의와 폐쇄성을 자유주의 진영에서 비유적으로 이르던 말로, 철의 장막이라는 용어를 최초로 사용한 사람은 나치의 선전장관 요제프 괴벨스였다.

하지만 그 말이 유명하게 된 것은 미국의 미주리주 풀턴에서 영국의 전시내각 총리인 윈스턴 처칠이 연설에서 인용한 "오늘날 발트해의 수데텐란트에서부터 아드리아해의 트리에스테에 이르기까지 유럽대륙을 횡단하여 철의 장막이 형성됐다"고 말한 것이다.

공산주의 정권을 수립한 중국이 냉전시기에 고립정책을 선택했을 때 중국과 소련의 정책을 구별하기 위하여 중국정책을 죽의 장막이라 하였다. 철의 장막의 구속력과 견고성은 1953년 철의 장막의 주역인 스탈린의 사망으로 완화되어 서서히 붕괴되었다.

중국의 죽의 장막도 무너지고 있으니 지구상에 유일한 분단국가인 한반도, 북쪽의 철옹성도 개방의 세계로 나와야 하는 절박한 시점이다.

대나무 숲같이 아른거리는 보일 듯 말 듯한 죽의 장막은 어림잡아 움직임의 윤곽 정도는 추측할 수 있으나 철판으로 가리어진 철옹성은 알 길이 전혀 없어 답답했지만 이젠 그곳도 서서히 변하려는 조짐이 보인다.

우리 주위에는 커튼 뒤에 가려진 사건들이 난무하고 있고 그 진실은 알 길이 없어 미궁으로 빠져들려고 한다. 장본인은 커튼 뒤에 숨어서 대리인을 내세워 떳떳하지 못한 회견으로 의혹을 풀어보려고 한다.

"받기는 받았지만 이권이나 청탁은 없었다. 만나긴 했지만 그 일과는 무관한 정당한 만남이었다…."

이권도 청탁도 없는 핵심이 없는 만남이라 얼버무리며 발뺌하려 하니 믿을 만한 국민은 아무도 없고 의문만 늘어나게 된다.

들리는 정보들을 반신반의(半信半疑)하며 지켜보면 결국은 사실로 드러나고 만다. '아니 땐 굴뚝에서 연기가 날 리 없다'는 우리속담 좀 되새겼으면 한다.

진실만을 말해야 하지만 사람은 누구나 거짓말을 하고 산다. 그러나 진실을 말해도 믿지 않으면 거짓을 말할 수밖에 없을 때도 있다. 왜 이렇게 서로 믿지 못하고 속이고 속고 살면서도 아무런 죄의식이 없는 사회로 변했는지….

국민의 소리에 귀 기울이면 현명해지고, 아둔한 머리도 좋은 생각, 바른 생각만 하면 더욱 명철(明哲)해질 것이다.

이제는 휘장(揮帳)으로 둘러싸인 은밀한 곳에서의 밀정(密偵)도 들통 나고 알 만한 것은 다들 알 수 있는 밝은 세상이다.

207	妾御敵方				208	侍巾帷房			
	첩 첩	아내 어	길쌈 적	길쌈 방		모실 시	수건 건	장막 유	방 방
	첩 어 적 방					시 건 유 방			

첩과 아내는 길쌈을 하고 수건을 들고 유방에서 모신다. 유방(帷房)은 휘장으로 둘러싸인 안방 혹은 규방(閨房)이라고 한다. 이런 아늑한 방에서 아내와 같이 생활한다면 더없이 행복한 삶이라 할 것이다.

남자는 외부에서 열심히 일하고, 아내는 집안에서 길쌈도 하고 살림을 다독거리어 유방에서 행복한 삶을 살기를 누구나 원한다. 이것이 과거 부부유별(夫婦有別)로 부부생활의 표본이었다. 지금은 남녀 모두가 지나치게 똑똑하여 오히려 화를 부르기도 한다. 극히 일부이기는 하지만 부부 이외의 타인을 희설(戱媟) 즉, 여자를 희롱(戱弄)하기도 하고 유혹(誘惑)도 하는 쾌락과 타락을 즐기려는 무리들이 날로 늘어나고 있다.

또한 이런 무리들을 위한 밀실을 유방으로 꾸며 영업하는 곳이 도처에 있는 것 같아 쑥스러울 때도 있다.

209	紈	扇	圓	潔
	흰비단 환	부채 선	둥글 원	깨끗할 결
	환	선	원	결

210	銀	燭	煒	煌
	은 은	촛불 촉	빛날 위	빛날 황
	은	촉	위	황

흰 부채는 둥글고 깨끗하고 은촛대의 촛불은 밝게 빛난다. 이런 휘황찬란한 분위기 속에서 생활한다면 황홀한 삶이라고 표현할 것이다. 그러나 보기와 다른 것이 인생사이다.

꾸며놓은 삶은 꾸민 과정이 정당했는가, 아니면 부정이나 무리가 따른 억지의 꾸밈인가에 따라 행복의 기준이 달라지는 것이다. 행복은 그것을 가질 자격이 있을 때 행복한 것이다. 아무리 꾸밈이 거창해도 분수에 넘치는 치장은 불행하기 마련이다. 남의 눈을 의식해서 꾸밈은 자신을 초라하게 하는 것이다.

211	晝	眠	夕	寐
	낮 주	잠잘 면	저녁 석	잘 매
	주	면	석	매

212	藍	荀	象	牀
	쪽빛 람	죽순 순	코끼리 상	평상 상
	남	순	상	상

낮잠 자고 저녁에도 자고 푸른 대순과 상아로 만든 침대에서 잔다는 말이다. 한가(閑暇)한 사람, 근심 걱정 없는 사람이다. 매(寐)는 잠잘 매로 잠을 잘 때 일어나는 행동을 잠버릇이라 한다.

코를 골며 깊은 잠에 빠진 사람, 죽은 듯 고요히 자는 사람, 방을 굴러다니며 험하게 자는 사람이 있는가 하면 한 번 잠이 들면 업어 가도 모를 정도로 깊은 잠도 있고 조그만 소음에도 깨는 예민한 사람도 있다.

잠버릇도 곱게 들어야 한다. 지금은 자기만을 위한 공간에서 혼자 생활하는 사람이 많지만, 어쩌다 모임이나 손님으로 가게 되면 잠자리가 불편하여 뜬눈으로 새우기 일쑤이다. 잠은 마음이 편해야 조용히 숙면할 수 있으니 마음 편함이 만사의 근원인 것 같다.

남(藍)은 쪽으로서 마디풀과에 속하는 한해살이풀이다. 불사(佛寺)에서 가람(伽藍)은 절을 뜻하는 이름으로 가람신(伽藍神)은 절을 지키는 신이다.

요사이 말하는 화려한 커튼을 치고 은촉을 밝혀 놓은 잘 꾸며진 황홀한 침대에서 편히 잠들 수 있는 그런 분위기를 갈망하지만 그런 것을 이루고도 만족을 모르면 행복할 수 없다.

그러나 청빈(淸貧)을 미덕으로 알고 살면 그것으로도 행복을 느낄 수 있는 삶을 살 수 있을 것 같다.

□ 유탄성(流彈性)

유체(流體)는 액체(液體) 혹은 기체(氣體)로 변형이 쉽고 흐르는 성질을 갖고 있는 물질이다. 유탄성이란 딱딱한 고체 구조물이 유체(액체나 기체)의 반복적인 힘에 노출되면 재질(材質)이 연해지는 성질을 말한다.

이런 유탄성 때문에 대형 선박들의 탄탄한 철판의 선체도 파도에 계속 얻어맞으면 선체(船體)에 균열(龜裂)이 생기게 된다. 지속적으로 높게 출렁이는 파도의 힘을 반복적으로 받으면 참으로 위협적이다. 실제적으로 이런 사고가 일어난 사례가 있었는데 스페인 해상에서 대형 유조선인 프리스티지호가 반 토막이 난 해상사고이다.

이런 이야기를 처음 들었을 때는 '설마, 그럴 리가!'하고 반문도 했지만 여러 번 듣고 물리적 현상이라는 근거를 곁들여 설명하니 '아! 그렇구나'라고 하게 된다.

세상이 혼란스러우면 바로잡을 방안을 찾아야 하는데, 그 방안을 집권자인 다스리는 사람만이 할 수 있는 것인 양 비판하고 책임을 전가하려 한다.

아무리 단단한 선박도 계속되는 파도에 두 동강이가 날 수도 있다는 교훈과 같이, 국력을 과시하고 나만 옳다는 생각으로 체제가 다른 이민족을 돕는다는 것도 바른길이 아닌 것을 이번 피랍사건으로 알았다.

봉사나 선교활동도 달갑지 않은 그들에게는 오직 자기들의 주장을 관철하고 이익을 챙기려는 도구로 여길 것이다. 그 집단에게 속고 또 속아 무고한 인명이 희생되고 공포와 억압을 겪는 동안 정부와 국민과 그리고 가족들을 애타게 했다.

국고와 실익을 얻으려는 외교정책에까지 손실을 줄 수 있는 상황에서 머리를 조아리는 피치 못할 협상의 구실로 요구조건을 제안 받았을 것을 생각하면 너무나 어처구니없는 일이 아닐 수 없다.

비밀리에 행하여진 협상, 그 요구조건과 협상을 타결로 이끈 해결책의 대가가 무엇인지 확실한 발표가 없으니 의문이 꼬리를 문다. 그렇게 극성을 부리며 협박하고 급기야는 인명을 두 명씩이나 해치다니….

과연 풍문대로 몸값을 지불했을까. 몸값 없이 주둔군의 조기 철군과 선교활동 중지만으로 응할 그들이 아니다. 뒷거래가 있기는 있었을 것 같은 미묘한 생각이 들지만 힘들여 협상하여 좋은 결과를 거둔 분들을 의심하는 것 같으니 모르는 척하자 했지만 뒤가 개운치 않다.

만약 몸값을 지불했다면, 한국인을 돈다발로 생각하는 치안불안지역의 무장괴한들과 돈으로 해결한 것은 외교정책의 실패로, 유사한 납치가 제발할 수도 있는 일로 심히 부끄러운 일이다.

이런 불상사는 돈으로 해결해도 수치요, 또한 해결하지 못해도 무능한 정부라는 오점을 남기기에 충분한, 사건이 아닌 사고이다. 국고를 축내고 국가의 공적인 사안이 아닌 일로 비공식적인 협상을 벌여 국가 위신을 실추시키는 사고는 다시는 저지르지 않았으면 한다.

노자의 상선약수(上善若水)의 교훈이 생각난다. 최고의 선은 물 흐름과 같아야 한다는 것이다. 물은 약하지만 합치면 상상을 초월한 큰 힘을 가지며 만물을 이롭게 하지만 자신은 항상 낮은 곳으로 흐른다.

자기에게 불리하다고 불평만 늘어놓는 사람, 남이 강하면 피하고 약하다 생각되면 도전하는 그런 사람은 물이 주는 묵언(默言)의 교훈을 배워야 할 것 같다.

물과 같은 사상이라 하면 추상적인 것이지만 무지무욕(無知無欲) 즉, 아는 게 없으면 욕망도 없다는 무위(無爲)를 바탕으로 백성을 다스려야 한다. 백성을 혹사시키고 착취하여 권력을 누리면 국민의 비판을 받아야하고 백성을 지키기 위해 온갖 곤욕을 겪는 군주는 국민이 우러러볼 것이다.

우선은 인명이 귀하니 몸값을 지불하고 국민을 구함은 당연한 일이니 이제는 사실대로 밝히어 의혹을 풀고, 다 같이 건배하여 그들의 고생을 위로하고 여죄는 다음에 묻자.

213	絃	歌	主	演	214	接	杯	擧	觴
	줄 현	노래 가	술 주	술잔치 연		이을 접	잔 배	들 거	잔 상
	현	가	주	연		접	배	거	상

현을 타고 노래하며 술 마시며 잔치를 하니 술잔이 이어져 술잔을 든다. 거문고를 타고 술과 노래를 부르며 잔치를 벌이니 작고 큰 술잔을 주고받고 하면서 즐기는 모습을 연상하게 되는 구절이다.

유탄성을 설명하다가 무장괴한들의 피랍과 공포 그리고 몸값을 이야기하면서 석연치 않은 심사를 달래기 위해 한 잔의 술이 생각나지만 그 습성을 억누르고 있다.

가무가 있는 연회장으로 들어가 보려는 마음속 여행자의 얄팍한 음주가무(飮酒歌舞)를 담론(談論)할 상대가 없으니 혼자라도 버려지는 종이쪽지에 낙서로 마음을 달랜다.

215	矯 手 頓 足				216	悅 豫 且 康			
	들 교	손 수	두드릴 돈	발 족		기쁠 열	즐길 예	또 차	편안할 강
	교 수 돈 족					열 예 차 강			

손을 들고 발을 구르니 기쁘고 즐거우며 또한 편안하다. 이와 같이 마음 편히 즐기고 즐기면 단란한 가정이라는 말이다. 교수돈족은 손을 공손히 마주잡고 발을 끌기도 하고 꺾기도 하고 올렸다 내렸다 하는 동작이니 이런 것을 '춤춘다'라고 묘사한다.

상대방의 손을 공손하게 마주 잡고 존경하는 뜻으로 머리를 숙여 예를 하고 발을 밀고 당기니, 지금의 블루스나 왈츠와 같은 그런 사교춤에 비유할 수 있다.

모르는 남녀가 이런 춤을 즐기게 된다면 분위기가 색다른 감회라는 것을 느끼게 되어 자아(自我)라는 것을 잠시 잊고 망상에 빠질 수도 있으니, 춤의 예법을 지켜서 말 그대로 사교적인 것 이외의 것을 기대해서는 안 된다.

예의바른 사교춤의 그 한계를 꼬집어 말하기는 어렵지만 요즘 사회적 문제가 되는 춤바람이니, 제비족, 꽃뱀이니 하는 것들로 추문이 일어나지 않게 처신하여 사교춤을 즐기는 지혜를 가져야 가화만사성(家和萬事成)이라는 가훈을 지킬 것 같다.

217	嫡後嗣續			
	맏아들 적	뒤 후	이을 사	이을 속
	적 후 사 속			

218	祭祀蒸嘗			
	제사 제	제사 사	겨울제사 증	가을제사 상
	제 사 증 상			

맏아들로 후사를 이어서 증과 상(겨울과 가을 제사)을 지낸다. 적실 장남이니 가계의 뒤를 이어야 한다. 그리고 손자로 하여금 가계가 이어져가며 조상에게 제사를 올린다. 겨울에 지내는 제사는 더운 음식을 올려놓고 가을 제사는 신곡(新穀) 즉, 햇곡식을 올린다. 이를 증제(蒸祭), 상제(嘗祭)라 하여 추석과 설을 의미하기도 한다.

□ 오심(五心)과 오심(悟心)

우리가 버려야할 다섯 가지의 마음이 있다. 남을 의심(疑心)하면 소심(小心)해져서 변심(變心)하는 마음이 생겨 교심(驕心) 즉, 교활해지면 원심(怨心)의 원망하는 마음이 일어나게 된다는 말이다. 이런 오심(悟心)으로 깨달아 뉘우치게 되면 비로소 마음의 갈등이 없어지는 것을 알았다.

'사람의 마음은 갈대와 같다'는 표현과 같이 작은 바람에도 일렁이는 아주 가벼운 것인지도 모른다. 사람의 마음이 어디 다섯 가지뿐이겠는가마는 아무리 태연한 척하려고 애를 써도 감정이라는 것은 인위적으로 다스리기 어려운, 내 것이면서도 내 스스로 다스리기 어려운 것 같다.

나도 이런 마음의 변화를 참지 못하고 웃었다 화냈다 하며 엇갈리는 행동을 자주 하게 되니 내 자신도 원망해보지만 가족들도 피곤타하는 것 같다.

오심(惡心)은 가슴속이 불편하여 토할 듯한 생각이 드는 현상이 일어나는 것이다. 이런 잘못된 마음을 깨달아 바로잡는다면 저절로 좋은 마음만 남게 되는 것이 자연의 이치일 것 같으니 우선 내 마음부터 다스린다면, 그릇된 오심이 사라질 것 같다.

의심(疑心), 행하고 있는 일이나 가고자 하는 일이든 보고 듣고 생각하고 판단하는 능력은 모두에게 공통된 것임을 잊지 않는다면 자신을 의심하지도 않고 남도 의심하는 마음이 없어질 것 같지만 소심한 것이 인생이다.

소심(小心)은 작은 마음이다. 작은 마음을 본디 지니고 있던 소심(素心)한 빛깔의 깨끗한 피륙같이 마음을 대범하게 쓰자는 말이다.

대범해진다면 두려울 것이 없어진다. 큰 사람이 되자. 큰마음을 갖자. 나의 당당함을 보여주자. 그래야 떳떳한 삶을 살 수 있지만 마음과 다르니 노력해보자.

변심(變心)은 처음과 끝이 꼭 같아야 한다고 하면서도 그 결심(決心)이 오래가지 못하고 변한다는 말이다. 한 번 결심했으면 목표에 도달할 때까지 견고한 믿음으로 주위에 유혹이 있다해도 흔들리지 말고 끝까지 도전적 자세를 가져야 한다.

변심은 상대를 힘들게 하고 나를 처량하게 하는 것이다. 변심은 자신의 마음이 변하는 것이지만 그로 인한 제 2의 사람들에게도 분노와 고통을 주는 것이니, 좋지 않은 버릇이 변하는 변심으로 변해보자.

교심(驕心)은 교만하고 무례하여 버릇없이 자기만 잘난 척하여 남을 속이려는 사람을 말한다. 사람이 교만해지면 사람을 잃고 외톨이가 되기 쉽다. 사람은 도전적인 사람이 성공할 수 있지만 머리 숙여 상대의 뜻을 살필 줄도 알아야 한다. 나를 과시하거나 승부에 집착하지 말자.

원심(怨心)은 원망하는 마음이다. 남을 원망하고 미워하게 되면 자기가 더 힘들어진다. 소심하게 살아온 것도, 바보처럼 산 것도, 옹졸하여 굳건하지 못한 것도, 남에게 부당한 대우를 받았다 해도 원망하지 말자.

오심의 다섯 가지 잘못된 마음을 버리면 원(怨)함이 원(願)으로 변하여 희망하는 일이 이루어진다는 말로 알고 살자. 한마디로 풀이해서 깨달아 도리나 진리를 알았다고 한다면 난 무엇을 터득했는가.

또 오심 하면 생각나는 고장이 있다. 보은 속리산을 가려면 말티고개 아래 마을의 지명이 오심이다. 이곳은 대궐(大闕)터라 하여 옛날 이조 7대 세조대왕의 행궁(行宮)이 있었다하여 붙여진 이름이다.

어린 단종을 폐위시키고 왕권을 찬탈한 제왕이 훗날 피부병을 얻었는데 '속리산 학소대 맑은 물로 목욕을 하면 낫는다' 하여 행차하는데 행렬 앞에 노승이 나타나 '오봉산 아래 행궁을 짓고 쉬었다 가소서'라고 했다. 그리하여 그곳에 행궁을 짓게 하여 며칠 쉬었다가 오봉산자락 굽이굽이 준령을 연(輦, 수레)을 타지 못하고 말을 타고 넘었다하여 말티고개라 부른다.

가파른 열두 구비를 오르며 오봉산을 바라보니 지나간 세월들이 생각나 오심(悟心) 즉, 깨달아 뉘우침을 얻었다하여 이 고장을 '오심'이라 하여 왕이 하사한 이름이다.

말티령을 넘으면 평지가 나온다. 말에서 연(수레)으로 바꾸어 타니 이곳이 갈목이 되고, 속리산 관문에 이르니 거대한 소나무가 길을 막아서 연이 걸릴 것 같아서 '연 걸리겠다'하니 소나무가 스스로 가지를 들어 연이 무사히 지나갔다 하여 내려진 벼슬이 '정이품'이니 나무 정승이다. 지금은 눈과 비, 바람에 가지가 잘려지고 노병에 시달리고 있는 수명이 600살도 넘은 노송의 전설이다.

세조의 첫째 딸 세희 공주는 어려서 아버지의 살생(殺生)이 잘못이라 간언했다가 미움을 사게 되어 추방되어 내쳐진 공주이다.

어머니 정희황후는 유모에게 많은 폐물을 주어 충남 공주 동학사로 피신시켰는데 우연히 김종서의 손자를 만나 부부의 연을 맺게 된다. 훗날 세조가 피부병을 고치려고 속리산으로 가는 행렬 길옆에 어린 남매가 읍을 하는데 그 얼굴이 어릴 적 딸과 흡사하여 딸을 찾았지만 세희 공주는 아버지를 버리고 가족들과 함께 산 속으로 숨었다는 전설도 있는 곳이다.

오심(五心, 惡心, 悟心) 하다가 오심(誤審) 즉, 그릇된 판단으로 빠져들지 모르는 일이니 '계상재배(稽顙再拜)'라는 천자문을 앞에 놓고 망설이고 있으니 이 뜻이 두 번 절한다는 말로 해석할 뿐이다. 다시 생각해도 '송구공황'하다는 말이 아리송할 뿐이니 우리역사 600여 년 전 것도 확실히 모르면서 2,500년 전 중국의 역사는 더욱 모를 일이다.

219	稽	顙	再	拜	220	悚	懼	恐	惶
	조아릴 계	이마 상	다시 재	절 배		두려울 송	두려울 구	두려울 공	두려울 황
	계	상	재	배		송	구	공	황

이마를 조아리며 거듭 절하되 두렵고 두려우며 또 두려운 듯이 하라. 계상(稽顙)의 글자를 풀이하면 조아린다는 '계'자와 이마나 빰을 뜻하는 '상'으로, 많이 쓰지 않는 어려운 글자를 놓고 망설이고 있으니 송구하고 황송하여 엄숙해질 수밖에 없다.

거상(居喪) 중인 사람이 편지를 쓸 때 글의 첫머리에 쓰이는 면목이 없어하는 표현이다. 세상에서 제일 큰 불효가 부모에게 효도를 다하지 못하고 보내드려 죄인(罪人)이라고 하여 복인(服人)을 복인(伏人)이라고도 하여 삿갓을 쓰고 면목이 없어 하늘을 바라볼 수 없는 죄인으로 여겼다.

그러니 송구하고 공황하여 부모의 제사를 3년 상을 치러 효에 보답한 과거 우리들의 상례(喪禮)를 지금의 세대들은 이해하기 어려운 옛 풍속도이니 설명하기 어렵고 복잡할 뿐이다.

복인(服人)은 죄인이라고도 하지만 상주를 포함하여 친가족의 8촌 이내 범위의 친족을 말하며, 외가는 4촌 이내, 처가는 부모에 한하고 있지만 지금은 풍속도가 변해가고 새로운 법이 생겨나니 그 기준에 따라 살면 된다.

죄인이 하늘을 보기가 부끄러워 삿갓을 썼다 하니, 방랑(放浪)시인 김삿갓의 죽시(竹詩)가 생각나 적어보자.

此竹 彼竹 化去竹　風打之竹 浪打竹
차죽 피죽 화거죽　풍타지죽 낭타죽

飯飯 粥粥 生此竹　是是非非 付彼竹
반반 죽죽 생차죽　시시비비 부피죽

賓客 接竹 家勢竹　市井賣買 勢月竹
빈객 접죽 가세죽　시정매매 죽월죽

萬事 不如 吾心竹　然然然世 過然竹
만사 불여 오심죽　연연연세 과연죽

이대로 저대로 되어 가는 대로 바람 부는 대로 물결치는 대로
밥이면 밥 죽이면 죽 이대로 살아가고
옳으면 옳고 그르면 그르고 저대로 맡기리라
손님 접대는 집안 형세대로 물건 사고파는 것은 시세대로
만사를 마음대로 하는 것만 못하니
그렇고 그런 세상 그런 대로 살아가세.

이런 시를 쓸 수밖에 없었던 방랑시인, 조상을 욕되게 했다고 스스로 죄인이 되어 방랑의 길을 자초하였으나 홍경래의 난(亂) 때 어쩔 수 없이 당한 수모지만 그 할아버지에 대한 송구함을 금할 길 없어 한평생을 이대로 저대로 바람 부는 대로 물결치는 대로 산 것 같다.

221	牋 牒 簡 要				222	顧 答 審 詳			
	편지 전	편지 첩	단출할 간	대요 요		돌아볼 고	대답 답	살필 심	상세할 상
	전 첩 간 요					고 답 심 상			

편지는 간결하게 추려서 하고 회답은 잘 펴서 자세히 해야 한다. 편지와 글은 간략하면서도 중요하게 하고 답을 할 때는 자세히 살펴 신중히 해야 한다는 말이다.

김병연(김삿갓)의 천재적인 한편의 시와 문장이나 중국 양나라 주흥사(周興嗣)가 지은 천자문 등을 접할 때, 그들의 뜻을 기리고 배움에 소홀히 하지 말아야 한다.

□ 아는 것이 병이다

식자우환(識字憂患), 아는 것이 왜 병이란 말인가.

'몰랐으면 좋았을 걸…' 하는 말처럼 모르고 지나는 것이 오히려 편할 때도 있는 것이 사실이다.

무병무우(無病無憂)한 인생, 병도 없고 근심걱정도 없는 그런 늙음을 원했다. 먹고 싶은 것 먹고, 하고 싶은 일을 하며 가족과 함께 한다면 얼마나 평화로운 풍경일까. 누구나 희망과 꿈을 가지고 행복한 출발로 시작하는 것이 결혼이며, 이를 바탕으로 행복한 가정을 만들었다. 사랑하는 가족이 짐스럽고 고통스러운 존재일 수도 있다는 것은 한 번도 생각지 않았다. 아무리 고맙고 귀한 것도 늘 곁에 두고 있으면 그 소중함을 모르는 것 같다.

나는 많은 삶을 살아오면서 사람들이 갈등하고 고민하고 스스로 불행하다 하여 공들여 이룩한 가정을 불행하게 만드는 사람들도 보았다. 자기 잘못도 상대 때문이라 여기며 자신만을 정당화하려는 그런 삶을 보면서 어쩌면 그 무리 중에 나도 낄 수 있다는 생각도 해보았다. 모든 사람들은 공통된 엇비슷한 잘못을 저지르며 살지만 나는 정당하다 여기며 나만을 먼저 생각하니, 나만 알고 남을 모르게 된다.

이 세상에 나에게 맞는 이상형이 과연 있을까. 있다면 나는 그에게 이상형이 될 수 있을까 하고 한 번쯤 생각해볼 일이다. 왜 나에게 이상형이 되기만을 고집하는가. 하지만 그렇게 찾던 이상형도 수시로 변하는 것이 사람의 마음이다.

내가 변하는데 상대가 변하는 것은 당연한 이치이거늘 내가 변해 놓고 상대는 그대로 있기를 바라는 것은 욕심이다. 실패한 인생이라면서 자기를 탓하기보다 상대를 탓하고 본다. 그러나 상대를 미워하면 미워할수록 내가 더 괴로워지는 것도 알았다.

실패한 인생이라 생각하여 발버둥치고 재출발을 해보겠다는 사람들의 대부분은 같은 실패를 거듭하다가 점점 수렁으로 빠지는 것도 보았다. 그러니 주어진 삶에 최선을 다해보자. 사람은 너무 똑똑하고 많은 것을 알고 있으면 편할 것 같으나 꼭 그런 것만도 아닌 것 같다.

우리 속담에 아는 것이 많으니 먹고 싶은 것이 많다고 했다. 사실인 것 같다. 점점 나이가 들어가니 느는 것이라고는 눈치뿐이다. 그리고 주위 사람의 인상이나 태도만 보아도 그 속속들이 들여다보인다. 상대는 '모르겠지'라고 생각하겠지만 그가 하는 첫머리 말만 들어도 알 수가 있으니 남들은 모르지만 혼자서 속상한 일들이 많다.

아무리 가족이라 한들 경제력도 없이 추저분하게 늙어가고 잔소리만 하는 쓸모없는 사람으로 고집스럽다 생각하니 이것저것 모르는 척하고 살려고 한다. 그렇다 해도 눈으로 보고 귀에 들리니 이를 어쩌나 하는 생각을 하면서 지금의 처지가 처량하여 앞일까지 덩달아 초라해질 것 같은 좁은 마음의 갈등이 일어난다. 차라리 아무것도 모르고 보이지 않았으면 하지만 하나의 생각에 사로잡히면 그곳에서 헤어나지 못하니 주책스러운 늙음이라는 것이 참으로 곤욕스러워진다.

세대의 변화로 인한 핵가족화의 첫 희생자가 지금의 6~70대인 것 같다. 어려운 환경 속에서 태어나 어려운 시기에 자식들은 잘 가르쳐야 한다는 욕심으로 나는 아무래도 좋으니 자식들만을 위하다가, 막연한 바람으로 노후대책이라는 것은 생각할 겨를도 없이 늙음을 맞았으나 세대는 변해버린 것이다.

핵가족화 되어 아들 손자들이 떠나고 늙고 힘없는 노부부, 그들은 서로 의지하고 살지만 홀로 쓸쓸한 늙음은 맞는 독거노인들은 고달프고 처량하리라.

농촌에서는 찌그러져가는 빈 가옥을 지키고, 도시 뒷골목 구옥에서는 홀로 지내는 노인인구가 점점 늘어가고 있다. 그 노인네 중에 나도 끼어있지만 아직은 여유가 있으니 더위를 피해 계곡이라도 찾아가자 하여 오늘도 산행을 떠난다.

늘 찾던 한적한 곳인데 많은 피서인파로 계곡 골짜기마다 발들여 놓을 곳이 없다. 전국 산하가 지금 몸살을 앓고 있다. 자연앞에 펼쳐진 무질서한 아수라장으로 차를 댈 곳도 없고 앞으로도 뒤로도 갈 곳이 없다.

한참을 헤매다 마침내 그곳을 탈출하여 조그마한 마을 앞에 작은 정자나무가 있는 곳에 겨우 차를 멈추었다. 잠시 쉬려고 하니 나와 동년배로 보이는 할아버지가 혼자 있기에 다가가 왜 혼자 계시냐고 물어보니 엊그제 아들 손자들이 왔다가 다들 올라

갔다며 알 수 없는 쓸쓸한 미소를 짓는다.

며칠 동안 얼마만큼 즐거웠겠는가. 북새통을 떨다가 다들 갈 곳으로 떠나고 혼자 처량하게 산촌에서 빈집을 지키며 주위사람들에게 아들들이 왔다 갔다는 자랑 아닌 자랑을 늘어놓는다.

그와 많은 시간을 보내며 인생이야기도 나누었다.

그곳에서 태어나서 그곳에서 열심히 일하여 아들 셋에 딸 둘을 키웠는데 지금은 모두 장성해서 서울로 보낸 그 할아버지는 노후대책을 해 놓지 않은 듯했다. 그의 말속에 담긴 내용으로 보아 아들들은 좋은 직장에 다니며 시설 좋은 아파트에서 잘 산다고 했다. 하지만 그 할아버지는 종갓집을 지키느라 물려받은 것이라고는 산과 그 산에 수도 없이 많은 조상들의 산소뿐이라고 했다. 해마다 벌초할 걱정을 하며 아들들이 예초기라도 사 가지고 일요일에 하루쯤 와서 도와주었으면 하고 바라는 착한 할아버지였다.

재산 가치가 있는 문전옥답은 아들들 학비로 이미 남의 재산이 되고 조상들의 산소 걱정만 하는 그도 역시 자식들을 가르쳐 노후의 영화를 기대한 고희 할아버지일까.

찌든 얼굴에 알 수 없는 미소는 나와 별 차이 없는 같은 처지이지만 그래도 나를 부럽다는 눈빛으로 보니 고마운지 미안한지 갈피를 잡지 못해 얼른 그곳을 떠날 수가 없었다.

223	骸	垢	想	浴	224	執	熱	願	凉
	뼈 해	때 구	생각할 상	목욕할 욕		잡을 집	더울 열	원할 원	서늘할 량
	해	구	상	욕		집	열	원	량

몸에 때가 끼면 목욕을 생각하고 뜨거운 것을 손에 쥐면 찬 것을 찾게 된다는 말이다.

불과 몇 시간 전만 해도 탁한 도시의 찜통더위를 피하려고 이곳에 왔다. 그리고 이렇게 자연에 묻혀 사는 사람을 동경도 해 보았다. 그러나 그것은 단지 동경일 뿐이다. 산촌에서 농사일을 하느라 무더위 속에서 일하는 것이 얼마나 고달픈 것인지 그의 검은 피부와 움푹 파인 손등의 상처가 말해주고 있다.

몸에 때가 낀 것인가, 너무 바쁘다보니 목욕할 시간이 없어서 방치한 것인가. 애꿎게 천자문을 풀이한답시고 순진한 할아버지를 끌어들여 죄송할 뿐이지만 다 같이 잘살 수 있는 그런 세상이 그립다.

225	驢	騾	犢	特	226	駭	躍	超	驤
	나귀 려	노새 라	송아지 독	수소 특		놀랄 해	뛸 약	뛰어넘을 초	달릴 양
	여	라	독	특		해	약	초	양

나귀와 노새, 송아지와 수소는 놀라고 뛰고 넘어지고 달린다. 해약초양은 뛰고 달리고 노는 가축의 모습을 말한다. 우리는 야생동물을 길들여 우리생활에 필요로 하는 고기도 얻고 노동력을 얻었다. 그리고 그들의 재롱을 보고 즐기기 위해 애완동물로 길들여 곁에 두고 같이 생활하는 사람들이 늘고 있다.

애완견(愛玩犬) 동물 애호가들이라 그런지 외출할 때나 산책길, 심지어는 대중교통인 버스 안까지 데리고 다닌다. 극히 일부이기는 하나 그렇게 애지중지하다가도 싫증이 나는지 버려지는 수가 늘어나고 있어 사회적 문제가 되어 앞으로는 그들에게 법적으로 명패를 달아 주어야 한다고 한다.

사랑하여 봉사한다면 싫증이 난다고 방치해서는 안 될 일이니 반대할 이 없는 환영할 일이다.

□ 테러범과 협상

급변하는 세계 테러범과의 협상이 더 많은 테러를 가져올 수도 있다고 한다. 우리의 인도적인 협상도 세계는 색안경을 쓰고 볼 수도 있다. 한국의 양보는 다른 국가의 인질 석방에 걸림돌이 될 수도 있다고 우려하는 나라도 있다. 그래도 미국은 우리의 우방답게 이번 사건에 아무런 역할도 안 했다 라는 여운을 남기며 테러와의 협상은 결코 없다는 원칙은 변함없다는 것을 강조하고 있는 것이 분명했다.

일단 저질러 놓고 국민에게 심려를 끼쳐 죄송하고 정부와 국민에게 사과드린다는 말을 이번에 또 들었다. 뇌물과 청탁이 오고가고 대통령 비서관이 건설업자 그리고 금융기관의 담당자와의 밀약으로 자금력으로 보나 실적으로 보나 영세한 건설업자로서는 감당할 수 없는 거대공사를 수주하였다.

그리하여 부정 대출까지 받아 대형 건설회사와 시공계약까지 하게 된 동기가 의문스러우며, 이로 인해 대출 받은 수백억의 향방이 오리무중이고 보면, 과거 아프간에서 납치 피살된 사건이나 2002년 썬앤문 그룹 뇌물사건의 판박이 같은 인상을 준다.

개혁과 도덕성을 지향하는 정치를 원했다. 그러나 구태(舊態) 정치를 답습하는 것 같은 인상을 주니 인맥이 무엇이며 청맥이라는 말은 무엇인가. 그렇게 막강한 국세청도 뇌물이라는 함정에 빠지면 약해질 수밖에 없고 거역하지 못할 어떤 힘이 작용한다는 말인가.

청렴(淸廉)이라는 말을 어떻게 해석해야 할까. 결백한 청(靑)맥인지, 가까운 친(親)맥인지…. 청(淸)과 친(襯)은 사념(邪念) 없고 탐욕이 없다는 말이다. 돈이나 재물로 모든 일을 해결한다면 나라를 망치는 반역이요, 도적이다.

2 2 7	誅 斬 賊 盜				2 2 8	捕 獲 叛 亡			
	벨 주	벨 참	도적 적	훔칠 도		잡을 포	얻을 획	배반할 반	잃을 망
	주 참 적 도					포 획 반 망			

도적을 죽이고 참하며 모반하고 도망치는 자는 사로잡아 들인다. 역적과 도적은 베어 물리친다. 천명주지(天命誅之) 즉, 하늘이 치라고 명한 적은 참수하고 남의 물건을 훔친 도적은 벌한다.

참할 놈과 벌할 놈의 경중을 가리어 처벌함을 구분해야 한다. 천명은 하늘이 명한 것으로 악한 사람은 벌하고 착한 사람은 칭찬한다.

주(誅)는 '벤다'는 뜻으로 죄인을 죽인다는 말로, 주륙(誅戮)은 '풀을 베듯 죽이는 것'이다. 참수(斬首)란 극형으로서 흉측한 몰골로 칼을 든 망나니라 일컫는 인물이 등장하는 것을 영화에서 종종 보아 알고 있다. 적(賊)은 상하게 하거나 죽게 하고 남의 물건을 훔치고 학대한다는 뜻이다. 도(盜)는 훔치거나 밀통(密通)하는 도적으로, 도용(盜用)하여 부당한 수단을 부리는 파렴치범을 말한다. 분수에 넘치는 것을 탐하다가 들통이 나게 되면 배반하고 도망하는 자는 반드시 잡아 죄를 다스리고, 반역한 자는 엄히 죄를 물어 기강을 바로잡아야 한다.

229	布	射	僚	丸
	베 포	쏠 사	벗 요	알 환
	포 사 요 환			

230	嵇	琴	阮	嘯
	성 혜	거문고 금	성 완	휘파람 소
	혜 금 완 소			

활을 잘 쏘고 탄자를 잘 던졌다. 중국고사에 나오는 말이다. 한나라 여포는 활을 잘 쏘고 웅의료(熊宜遼)는 환을 잘 던졌다. 혜는 거문고를 잘 타고 완은 휘파람을 잘 불었다. 환은 탄자(쇠구슬)지만 농환(弄丸)이라는 장난감의 하나인데 둥근 모양의 구술을 공중에 던져 내려오면 받는 놀이라고도 한다. 쏘고 던지고 한다는 말이니 이런 사자성어는 역사적 배경을 모르고 글자풀이만 한다면 말도 안 되는 전혀 다른 곳을 헤매게 된다.

231	恬	筆	倫	紙
	편안할 염	붓 필	인륜 륜	종이 지
	염 필 륜 지			

232	鈞	巧	任	釣
	무게단위 균	공교할 교	맡길 임	낚시 조
	균 교 임 조			

염은 붓, 륜은 종이, 균은 기교, 임은 낚시로 세월을 낚는다. 진국의 봉염은 토끼털로 붓을 만들었고, 후한의 채륜은 처음으로

종이를 만들었다. 위나라 마균은 지남거를 만들고, 전국시대 임공자는 낚시를 만들었다. 이 글은 처음으로 물품을 만들어 사용한 사람을 뜻하는 말이다. 지남거(指南車)는 고대 중국에서 사용한 지남철 혹은 지남침(指南針)이라는 나침반(羅針盤)으로 전차에 세워두면 항상 인형의 손이 남쪽을 가리킨다고 한다.

233	釋	紛	利	俗
	풀 석	어지러울 분	이로울 리	풍속 속
	석	분	이	속

234	竝	皆	佳	妙
	아우를 병	다 개	아름다울 가	묘할 묘
	병	개	가	묘

어지러움을 풀고 풍속을 이롭게 하였으니 모두 다 아름답고 묘하고 이롭다. 재주를 다하여 어려움을 풀어 풍속(風俗)을 이롭게 하여 모두가 아름다우며 묘한 재주를 가졌다. 재주는 아무리 묘해도 바른 곳에 쓰여야 한다.

우리는 고려청자도 만들고 세계 최고라는 한글을 만들어 사용하고 있다. 지금은 순수 우리 기술로 핵융합로(核融合爐)를 개발 완공한 우수한 두뇌와 기술을 가진 민족이다. 그러나 우리는 남의 문물도 받아들이고 그것을 흉내 내기에 급급했다. 이제는 흉내 내는 것으로는 안 된다. 독자적 기술을 개발하여 나만의 것을 만들어야 경쟁에서 이길 수 있는 최고가 된다.

□ 모자라는 최고

최고를 지향하는 최고의 대학들이 최고의 교수를 채용하려 했지만 최고가 없는가보다. 명문대학들마다 우수한 교수를 초빙(招聘)하려 하나 최고라 자랑하는 교수는 많아도 최고를 가르칠 교수는 없는지 교수 채용에 비상(非常)이 걸린 것 같다.

위기에 서있는 이공대 우수한 학생이 우수한 스승을 만나야 하지만 우수한 학생을 가르칠 교수가 없으니 매년 배출되는 우수한 자격을 지닌 박사는 어디로 숨은 것인가.

한때는 어려운 이공계를 이수하고도 사시(司試)나 행시(行試)생들에 비해 보수도 적고 출셋길이 좁은 까닭에 이공계를 기피하는 현상을 빚기도 하였다. 그런데 이제는 이공계 학생을 가르칠 교수가 없으니 선진 과학기술국가로 이끌 한국의 인재들을 누가 가르쳐야 한다는 말인가. 그런데 우수한 이공계 박사학위를 받은 교수들은 어디로 갔는가. 능력에 비해 연봉이 턱없이 적고 연구 환경도 열약(劣弱)하니 대우가 좋은 외국의 대학이나 대기업의 연구기관으로 가기를 원한다.

국내대학에서는 유수(有數)한 교수를 초빙하기 어려우니 우수한 학생은 있어도 우수하게 가르칠 수 없는 사회라는 말이다. 매년 늘어만 가고 있는 박사님들은 우수한 학생을 가르칠 자격을 갖추지 못한 미달의 박사님이란 말인가.

그런데도 학력을 속이고 교수도 되고 유명인사로 행세하며 진짜를 능가하려는 가짜 박사는 무엇이란 말인가. 가짜가 진짜로 군림하다가 들통이 나더니 이제 정신을 차렸는지 진짜만을 구하려 하니, 진짜가 정말 구하기 어려운 것인지, 있기는 있는데 기피하고 있는 것인지….

그런데 이런 사태가 일어난 동기는 무엇인가. 평준화 교육정책으로 우수한 인재를 억지로 평준화시켜 우수한 박사가 없기 때문인가. 평준화된 교수로는 우수한 학생을 가르칠 수 없다면 우수한 학생도 할 수없이 빛을 보지 못하고 평준에 머무르고 만다면 평준화 교육정책에도 문제가 있는 것 같지만, 그렇다면 평준화된 세상이 과연 존재할 수 있을까.

능력의 차이가 하늘과 땅의 차이쯤 되는 것인가. 우수한 교수, 미달된 교수라는 말인가. 우수한 학생을 가르치려면 유능한 교수가 담당하는 것이 타당한 논리다.

실력 위주가 아닌 학벌위주의 최고의 적임자, 그런 최고라고 자처하는 사람은 많은데 최고로 믿어주는 사람이 없는 것인지, 최고라 해도 최고를 가르칠 수 없는 것은 최고만이 알 수 있기에 박사도 대동소이한 것이 아니고 폭넓게 아는 박사가 있는 것은 사실인 것 같다.

신념으로 후배를 가르칠 교수, 과거에는 많이 배운 사람을 학자라 했다. 학자에게 배우기를 청하면 보수보다도 진실한 후학

(後學)으로 가르치려는 스승이 되기를 원했다.

이런 스승과 제자 사이가 가르치는 대가로 지급 받는 보수와 근무조건에 따라 좌우되는 자본주의 스승인 것이다.

그러니 좋은 머리로 배우고 그 배움을 부를 축적하는 도구로 사용하려는 잔꾀로 이용되기도 한다. 꾀는 머리에서 나온다. 그러나 잔꾀는 속임수에 지나지 않으니 잔꾀를 부리려 하다가는 신념을 잃게 된다.

신념은 진정한 마음속에서 나오는 것이다. 잔꾀를 부리지 말고 신념이라는 인격으로 정숙하고 맵시 있는 삶을 살아간다면 찡그릴 일 없이 아름답고 밝게 살 것 같다.

235	毛	施	淑	姿	236	工	嚬	姸	笑
	털 모	베풀 시	맑을 숙	맵시 자		공교할 공	찡그릴 빈	고울 연	웃음 소
	모	시	숙	자		공	빈	연	소

모장과 서시는 정숙하고 맵시 나고 공교(工巧)하고 찡그려도 곱게 웃는 것 같다. 모장은 오나라 여인이요, 서시는 월나라 여인으로 고대 중국을 대표하는 절세미인이다.

공교롭게도 찡그려도 더욱 아름답게 보이니 모든 여인들이 이를 따라 찡그리고 다녔다 한다.

237	年	矢	每	催	238	羲	暉	郎	曜
	해 년	화살 시	매양 매	재촉할 최		햇빛 희	빛날 휘	맑을 랑	빛날 요
	연	시	매	최		희	휘	랑	요

세월은 화살같이 늘 재촉하나 햇살은 빛나고도 밝게 빛난다. 세월이 화살같이 빠르나 우리는 이런 세월 속에서 살지만 매양 재촉하고 서둘기를 잘하고 산다. 조금 느긋하게 살아도 백을 못 채우는 인생살이다.

그렇게 최고가 되어 보려고 안간힘을 다해 보지도 않고 쉽게 오르려고 위조(僞造)도 하고 청탁(請託)도 한다. 하지만 그 최고의 자리에 올라봤자 사상누각임을 알게 될 때는 이미 엎질러진 물이니 본인이 자처한 되돌릴 수 없는 운명이다.

태양빛과 달빛은 온 세상만물을 골고루 비추어 만물에게 골고루 혜택을 준다. 그래서 하늘의 뜻이라 한다. 하늘은 스스로 돕는 자를 돕는다고 했다. 복 받을 행동을 했으면 복을 받지만 죄를 지으면 벌을 받으니 이를 천벌이라고 한다.

이럴 때 쓰이는 말이 생각나 적어보자.

획죄어천무소도야(獲罪於天無所禱也), 하늘에 죄를 지으면 빌 곳도 없다. 죄 되는 짓을 하면 안 되는 것을 알면서도 저지르는 것이 인간이다. '이 정도쯤이야…'하며 잘못인 줄 알면서도 행하는 것이 우리들이다.

<table>
<tr><td rowspan="3">239</td><td colspan="4">琁 璣 懸 斡</td><td rowspan="3">240</td><td colspan="4">晦 魄 環 照</td></tr>
<tr><td>옥
선</td><td>구슬
기</td><td>매달
현</td><td>돌
알</td><td>그믐
회</td><td>넋
백</td><td>고리
환</td><td>비칠
조</td></tr>
<tr><td colspan="4">선 기 현 알</td><td colspan="4">회 백 환 조</td></tr>
</table>

신기(천기를 보는 기구)는 매달려 돌고 회백(그믐)이 되었다가 환(보름)이 되어 비춘다. 천기를 보는 기구를 높이 매달아 천

체를 측량한다. 중국 순임금은 제위에 오른 뒤 제일 먼저 선기(琁璣) 옥형(玉衡)을 정비하였다고 한다. 옥형은 옥으로 만든 저울대와 같은 천체관측 기계이다.

북두칠성을 관찰하는 북두구진(北斗九辰)의 변화를 보고 사람의 수명과 오복을 준다고 믿었으며, 우리 단군의 천부경 이론도 팔문구궁도(八門九宮圖)라는 북두에 근본을 둔 격론(激論)으로 이해할 뿐이다.

□ 소문이 사실인가

소문은 근거 없이는 생겨나지 않는다. 소문이 사실인가 설마 했는데 하며 당황한 적이 얼마나 많았는가.

설마가 사람 잡는다. 아니 땐 굴뚝에서는 절대로 연기가 날 수 없다. 근거 없는 말을 하면 모함(謀陷)이라 한다. 모함은 죄에 속한다. 그러니 법적 처벌을 받는다. 단지 소문을 퍼트려 해명할 근거를 찾지 못하면 모함으로 변하기도 한다.

감추려고 하는 사람, 그리고 밝히려고 하는 사람 간에 경쟁이 치열하다. 이런 술래잡기 놀이도 너무 많이 보고 살았다. 아무리 꼭꼭 숨어 봤자 찾으려 한다면 못 찾을 리 없지만 숨은 자나 찾는 자가 짜고 하는 놀이라면 흥미 없는 놀이로 변하고 만다.

찾아보려고 하는 사람이 많으나 더 이상 찾지 않으면 곤욕을 치를 것 같으니 찾는 척한다.

이런 이인동심(二人同心)도 무너지면 적절한 관계가 부적절한 관계로 되어버린다. 행위나 행동을 같이하다가 그 관계가 묘한 사이로 변하여 복잡한 사이가 되기도 한다. 이런 부적절한 관계는 언젠가는 틈이 생기게 된다.

복잡한 상황을 정리하자. 화근은 일찍 정리하는 것이 최선이다. '설마 그럴 리가, 아직은…, 기회를 봐서…'라고 한다면, 머지 않아 바닥인 것을 알아야 한다. 바닥은 그것으로 끝나는 것이 아니다. 지하실이라는 곳도 존재한다.

사람이 살다보면 우연한 일로 가까운 사이가 부적절한 사이로 변할 수 있다. 내 마음같이 남도 너그럽다 생각하다보면 피치 못할 일이 생긴다. 그러니 아무리 가까운 사이라도 그의 종교(宗教)나 조상들의 과거의 족보(族譜)를 들추거나 가족관계를 평해서는 안 된다.

종교나 조상은 각기 다른 관점이더라도 존중해야 하는 절대적인 개개인의 자존심이다. 가족도 자신보다 소중하게 여기는 과거 대가족사회나 지금의 핵가족사회에서도 그 무엇으로도 대신할 수 없는 절대적인 존재이기에 조그만 평이라도 큰 오해를 불러올 수도 있으니 절대 평해서는 안 된다.

이런 것들이 내가 살아오면서 보고 듣고 느끼고 그리고 생각하여 얻은 결론이다. 이제 바람이 있다면 내가 쓴 글이 훈(訓)이라고 하기에는 거북하지만 나를 아는 모든 사람이 내 글을 읽고 조금이라도 도움이 되어 더 건강하고, 건전하게, 참신하고, 알차게 살아간다면 더 바랄 것이 없는 삶을 살았다 하며 미소 지을 것 같다.

하지만 지나간 날들을 뒤돌아보며 천자문을 나름대로 다듬어 가다가 '영수길소(永綏吉劭)' 즉, 영원히 한결같이 편안함이 온다는 글귀에 이르게 되니, 글이란 남을 위하여 쓰는 것으로 알았는데 그게 아닌 자신의 수양임을 알았다.

241	指	薪	水	牛
	뜻 지	나무 신	닦을 수	복 우
	지	신	수	우

242	永	綏	吉	劭
	길 영	편안할 수	길할 길	높을 소
	영	수	길	소

땔나무처럼 뜻을 두고 복을 닦으면 영구히 편안하고 길함이 높아질 것이다. 불타는 부엌 아궁이를 본 지가 아주 옛날 일이다. 지신은 땔나무를 가리키는 말이다. 불타는 나무와 같이 정열(情熱)의 도리(道理)를 닦으면 복을 얻는다는 말이다. 복을 얻어 영원히 편안함을 얻는 것이 우리들의 바람이다.

243	矩	步	引	領
	법 구	걸음 보	끌 인	옷깃 령
	구	보	인	령

244	俯	仰	廊	廟
	구부릴 부	우러를 앙	행랑 랑	사당 묘
	부	앙	랑	묘

바르게 걷고 옷깃을 여미며 행랑과 사당에서처럼 우러러 행해야 한다. 걸음걸이가 바르고 행실이 바르니 항상 위풍당당(威風堂堂)하게 남묘(南廟)에서 있는 것 같이 생각하고 머리를 숙여 예를 지켜라.

추석도 며칠 남지 않았다. 바르게 살았다면 당당하게 조상의 차례도 모시고 묘소를 찾아가 성묘하는 것도 잊지 말자.

245	束	帶	矜	莊
	묶을 속	띠 대	자랑할 긍	엄숙할 장
	속	대	긍	장

246	排	徊	瞻	眺
	배회 배	배회 회	볼 첨	바라볼 조
	배	회	첨	조

속대(의간을 갖춤)를 하고 엄숙함을 자랑하고 거닐며 두루 살펴 쳐다본다. 의복에 주의하여 단정히 함으로써 긍지(肯志)를 가지자. 같은 장소를 배회하면서 두루 살펴본다.

한 가지라도 옳은 일을 해야 한다. 배회(徘徊)란 할 일 없어 서성거리는 것을 말하지만 배(排)는 이럴까 저럴까 하지 않고 '밀칠 배'로 물리치고 배척하여 옳은 일을 하고 그른 행동은 배척한다는 뜻으로 해석해 보았다.

247	孤	陋	寡	聞	248	愚	蒙	等	誚
	외로울 고	더러울 루	적을 과	들을 문		어리석을 우	어두울 몽	같을 등	꾸짖을 초
	고	루	과	문		우	몽	등	초

고루하고 듣는 것이 적어 어리석고 몽매하여 꾸짖음을 들을 만하다는 말이다. 배운 것이 고루하고 들은 것이 적으니 어리석을 수밖에 없다. 내가 지금 천자문을 대하니 60년 전의 나만도 못한 실력이 되어 버린 것 같다.

보고 읽고 뜻을 더듬어 보고 내 생각대로 응용도 해 보았지만 맞는 말인지 알 수가 없다. 입에 발린 소리라도 그때가 더 확실하게 읽을 줄 알았던 것 같다.

천자문 248구절 글자를 쓰고 읽고 다듬어 보았지만 지나간 글자들이 머리에 남는 것이라고는 '천지현황(天地玄黃)' 뿐이다. 나머지 두 구절 8자를 다듬어 보려하니 '우몽등초(愚蒙等誚)'하여 어리석은 내가 부끄러워지지만 타협 없는 결론으로 맺을 수밖에 없다.

□ 타협(妥協)과 결론(結論)

타협 없는 결론으로는 맺음이라 할 수 없다. 나만의 생각으로 결론지어 맺음은 미완성일 수 있으니 결론에 앞서 상대방의 입장을 배려해보자. 혼자만의 생각으로 결론지음은 독선이다. 여러 사람의 입장이 배제된 결론은 자만이다.

그러니 타협이란 서로 의견이 일치된 타협이어야 하나 의견일치란 그리 쉬운 것이 아니기에 타협으로 양보와 배려라는 말이 생긴 것이다. 하나를 얻으려면 하나쯤은 양보할 줄 알아야 한다. 이런 얻음과 잃음으로 얻어진 것이 타협으로 얻은 결론이다.

그러나 타협도 어느 정도 말이 통할 수 있는 사람과의 타협으로 가능한 것이지 통함이 없는 옹고집이나 나만을 위주로 하는 이기주의자와의 타협이란 많은 시간만 끌뿐이다. 이런 억지의 타협은 나에게 손실만 있고 이익은 거의 없으니 타협이 아닌 양보만 있을 뿐이다.

결론도 없이 양보만 하고 살아온 것 같은 나의 지나간 세월들이지만 이제는 더 이상 아무것도 바랄 것이 없다.

물에 빠져서 다 젖은 몸인데 소낙비가 온다고 더 젖을 것이 없다. 오는 비는 오고 가는 비는 가라 하지만, 아픈 곳을 때리면 더 아픈 것이니 가려운 곳을 긁어주지는 못해도 더 이상 나를 괴롭히지 말았으면 하고 바랄 뿐이다.

과거는 이미 지나간 세월들이니 지금이라는 현실 앞에서 현재를 중요시하고 살아가면 되는 것이다.

마음이 어두운 사람은 중생을 제도할 수 없다고 했다. 이승에서 지은 죄를 갚지 못하고 죽으면 저승에 가서라도 갚아야 한다고 했다. 이런 말들도 지나간 세월동안 글이라는 것을 배웠고, 배운 글로 읽을 줄 알았기에 책을 읽어 알았다. 글이라는 것은 나를 감동시키기도 하고 실망시키기도 했다. 감동시킨 것은 알차다고 했고, 실망시킨 것은 비난도 했다. 이런 것을 비평이라 하는 것이지만 혼자만이 가슴앓이 할 뿐 공개적으로는 아무런 비판도 못하고 살았다.

많은 책을 읽었음에 실망한 책도 많고 좀 더 좋은 책을 원했지만 막상 내가 책을 펴내려 해도 좋은 내용을 담지 못했거늘, 좋은 책만을 바라는 것도 내 욕심인 것 같다.

다만 내가 쓴 일기를 '삶으로의 초대'라고도 했고 지금 막을 내리려는 '소설 천자문, 마음으로 보는 여행'도 결국은 내가 애독자가 될 수밖에 없다. 하지만 그래도 내가 다시 읽고 감동하고 마음을 다스리는 내 삶의 지침이기에 정성을 다해 다듬어 4권을 펴냈어도, 다시 읽어보고 실망을 하기도 한다.

하지만 5권에서는 남도 공감할 수 있는 책을 써보자는 욕심으로 '백수문'의 마지막 언재호야를 더듬어본다.

249	謂	語	助	者	250	焉	哉	乎	也
	이를 위	말씀 어	도울 조	놈 자		어조사 언	어조사 재	어조사 호	오조사 야
	위	어	조	자		언	재	호	야

언재호야(焉哉乎也)의 어조사라 함은 한문의 조사이다.

'어찌 어찌'라는 지루한 여름이 가는 가을 문턱에서 가을걷이를 거두고 새로운 날을 향해 가려고 한다.

-끝-